*Títulos de Crédito*
**DESAFIOS INTERPRETATIVOS DA
LEI UNIFORME DE GENEBRA NO BRASIL**

0130

T584t     Timmers, Luciane Favaretto
         Títulos de crédito: desafios interpretativos da
    Lei Uniforme de Genebra no Brasil / Luciane
    Favaretto Timmers. — Porto Alegre: Livraria do
    Advogado, 2003.
         189 p.; 14 x 21 cm.

         ISBN   85-7348-262-1

         1. Títulos de crédito.   I. Título.

                    CDU – 347.735

         Índice para o catálogo sistemático:

    Títulos de crédito

(Bibliotecária responsável: Marta Roberto, CRB-10/652)

Luciane Favaretto Timmers

# *Títulos de Crédito*
## DESAFIOS INTERPRETATIVOS DA LEI UNIFORME DE GENEBRA NO BRASIL

*livraria*
DO ADVOGADO
*editora*

Porto Alegre 2003

© Luciane Favaretto Timmers, 2003

*Capa, projeto gráfico e diagramação*
Livraria do Advogado Editora

*Revisão*
Rosane Marques Borba

*Direitos desta edição reservados por*
**Livraria do Advogado Ltda.**
Rua Riachuelo, 1338
90010-273 Porto Alegre RS
Fone/fax: (51) 3225 3311
info@doadvogado.com.br
www.doadvogado.com.br

Impresso no Brasil / Printed in Brazil

Agradeço ao Prof. Dr. *Juarez Freitas* pela confiança e pelos preciosos ensinamentos, sem os quais, não teria sido possível a conclusão do presente trabalho.

Agradeço, com especial carinho, à Profa. Dra. *Martha Jimenez* pela atenção e pela dedicação dispensadas nesta dissertação.

Agradeço aos meus pais, *Telma* e *Isolde*, pelo apoio e carinho, em especial ao meu pai, por estar sempre tão presente.

Agradeço ao meu marido, *Fernando*, pelo incentivo, que foi essencial para a execução deste trabalho.

Agradeço a todos os meus amigos, que, de alguma forma, contribuíram para essa realização.

*Ao meu amor, Fernando,*
*por tornar a minha vida mais feliz.*

# Prefácio

A Lei Uniforme concernente à letra de câmbio e à nota promissória continuará em vigor sob o novo código civil, que prescreve no art. 905: "Salvo disposição diversa em lei especial, regem-se os títulos de crédito pelo disposto neste código". As normas que regulam a letra de câmbio e a nota promissória constam de leis especiais. Por força do princípio da não-prevalência das normas de caráter geral contra as de caráter especial, o título VIII do Código Civil não as revogará.

A dissertação de Luciane Favaretto Timmers sobre alguns aspectos da lei uniforme relativa à letra de câmbio e à nota promissória é um trabalho atual e mostra que a adoção de reservas ocasionou controvérsias incessantes.

A autora selecionou duas reservas que tratam, respectivamente, do suprimento da falta de assinatura do obrigado e do preenchimento abusivo do título. As reservas foram escolhidas por causa das soluções contrastantes que ensejam. Quanto à primeira, conclui que, vigente o Decreto nº 2.044, de 1908, a assinatura do próprio punho ou de mandatário especial é necessária para criação das obrigações cambiárias. Em relação à segunda, argumenta que permanece em vigor o art. 3º do mencionado decreto, nos termos do qual os requisitos formais do título presumem-se lançados ao tempo de sua criação, sendo admitida a prova em contrário em caso de má-fé do portador.

A reserva que se refere à assinatura como requisito formal da declaração cambiária faculta suprir a sua falta por uma declaração autêntica, escrita no título, que permita constatar a vontade daquele que deveria ter assinado, não foi utilizada com essa finalidade imediata. O Brasil mantém a exigência da assinatura manuscrita como requisito formal da letra de câmbio e da nota promissória e a permissão da assinatura por procuração, admitida no art. 8º da lei uniforme, para, futuramente, se for conveniente, legislar sobre o suprimento da falta de assinatura pela forma indicada na reserva (declaração autêntica).

A autora venceu duro desafio. Outros a esperam, quando começar a vigência do Código Civil. Não revogadas as leis especiais existentes, as novas disposições poderão integrar as lacunas que contenham e auxiliar na interpretação de suas regras.

*Werter R. Faria*

# Sumário

Introdução . . . . . . . . . . . . . . . . . . . . . . . . . . . . 13

**Parte I - O desafio superado: a vigência da Lei Uniforme** . . . 19
  1. A vigência internacional da Convenção . . . . . . . . . . 21
    1.1. O surgimento da Convenção . . . . . . . . . . . . . . 22
    1.2. A entrada em vigor da Convenção e a questão das
      reservas . . . . . . . . . . . . . . . . . . . . . . . . . 36
  2. A vigência nacional da Convenção . . . . . . . . . . . . . 43
    2.1. A incorporação da Lei Uniforme ao Direito Brasileiro   43
    2.2. As reservas adotadas e a situação da Lei Brasileira .   53

**Parte II - O deafio remanescente: a aplicação efetiva da
    Lei Uniforme no Brasil** . . . . . . . . . . . . . . . . . . 71
  3. Considerações iniciais . . . . . . . . . . . . . . . . . . . . . 73
  4. Aplicação conjugada da Lei Uniforme com a Lei Brasileira   75
    4.1. Reserva do Artigo 2º, anexo II . . . . . . . . . . . . . 79
    4.2. Reserva do Artigo 3º, anexo II . . . . . . . . . . . . . 89
  5. As lacunas resultantes da conjugação de normas . . . . . 99
    5.1. Reserva do Artigo 10 do anexo II . . . . . . . . . . . 100
    5.2. As lacunas deixadas pela Legislação Uniforme . . . . 125

Síntese conclusiva . . . . . . . . . . . . . . . . . . . . . . . . . 137

Bibliografia . . . . . . . . . . . . . . . . . . . . . . . . . . . . . 141

Anexo
    - Decreto nº 57.663, de 24 de janeiro de 1996. . . . . . . 147
    - Convenção para a adoção de uma Lei Uniforme
      sobre Letras de Câmbio e Notas Promissórias . . . . . 148
    - Decreto nº 2.044, de 31 de dezembro de 1908 . . . . . 178

# Introdução

A Lei Uniforme de Genebra foi elaborada visando à unificação das legislações referentes a letras de câmbio e notas promissórias com o intuito de facilitar, ou melhor, de viabilizar a expansão das relações mercantis internacionais com a utilização e aceitação desses títulos entre diversos países.

Na época da sua elaboração, foi motivo de grandes discussões sobre sua adoção e vigência, tendo sido objeto de diversos artigos, inclusive decisões judiciais. Essa discussão não é mais pertinente, pois hoje é posição pacífica, tanto na doutrina como na jurisprudência. Entretanto, com a adoção da Lei Uniforme sobre letras de câmbio e notas promissórias como lei interna, surgiram questões que ainda causam dúvida sobre sua vigência, em razão do acolhimento de determinadas reservas.

Portanto, persistem alguns questionamentos a serem analisados e discutidos que dizem respeito à aplicação da Lei Uniforme conjugada com a lei brasileira, em virtude da incidência das reservas adotadas pelo Brasil.

No que respeita ao Direito Cambial brasileiro, convém lembrar, ainda que brevemente, que a matéria esteve disciplinada pelo Código Comercial brasileiro, em seus artigos 354 a 427, Título XVI, até o advento da Lei Cambial brasileira, Decreto nº 2.044, de 31 de dezembro de 1908.

O Código Comercial de 1850 foi elaborado, no que concerne aos títulos de crédito, sob influência francesa. E, assim, previa a letra de câmbio e a letra de terra, em razão da localidade. Previa a cláusula à ordem para a circulação por meio de endosso e exigia a provisão de fundos em poder do sacado. Estabelecia a letra de câmbio como contrato de crédito. Esses aspectos da letra, com o passar do tempo, foram-se desarmonizando com as necessidades do comércio não só local mas, também, internacional. Assim, a reforma do Código foi-se impondo.

O projeto que resultaria na elaboração da Lei Cambial brasileira foi elaborado por Justiniano de Serpa para modificar alguns artigos do Código, mas sofreu alterações e foi proposto por João Luiz Alves um substitutivo de autoria de José Saraiva, que restou aprovado, convertendo-se em lei pelo Decreto n° 2.044/08.

A Lei Cambial brasileira tinha forte influência alemã, tanto que a letra não mais representava um contrato de crédito, não havia necessidade de provisão de fundos, passou a ser um título abstrato e autônomo e não havia mais a necessidade da presença da cláusula à ordem, para que o título circulasse por endosso.

A referida lei disciplinou plenamente as letras de câmbio e notas promissórias até o advento da Convenção de Genebra, em 1930, fruto de diversos movimentos mundiais para a unificação da legislação cambial visando ao desenvolvimento do comércio internacional.

O Brasil, ao assinar a referida Convenção, assumiu o compromisso internacional de fazer cumprir a Lei Uniforme sobre letras de câmbio e notas promissórias em seu território, como lei nacional. Contudo, a Convenção foi assinada com o acolhimento de algumas reservas que facultam aos países aderentes adotar ou não a Lei Uniforme em determinados pontos, portanto, sua adoção não revogou completamente a Lei Cambial brasileira, que, ainda hoje, permanece em vigor nos dispositivos que não conflitem com o Estatuto Uniforme.

A presente dissertação – Desafios Interpretativos da Lei Uniforme de Genebra no Brasil – visa a apresentar uma forma de interpretação do sistema cambial brasileiro sobre letras de câmbio e notas promissórias vigente por meio da aplicação da Lei Uniforme de Genebra conjugada com a Lei Cambial brasileira, em razão da utilização das reservas acolhidas pelo Brasil, sem, contudo, esgotar o tema e impor como única a interpretação a ser exposta neste trabalho.

O tema é proposto em duas partes, de modo a melhor identificar os desafios impostos pela sistemática cambial que resultou, justamente, da adesão do Brasil à Convenção, que impôs a observância das normas uniformes no território nacional, conjuntamente, com o exercício facultado pelas reservas, para verificar qual a legislação aplicável: se a uniforme ou a brasileira.

A primeira parte – O Desafio Superado: a Vigência da Lei Uniforme – faz uma síntese da efetiva vigência da Convenção. Para a perfeita compreensão dos momentos e conseqüências da vigência, o item é subdividido para expor, primeiro, o surgimento da Lei Uniforme, apresentando alguns dos diversos movimentos mundiais em prol da unificação do direito cambiário. São citados os principais encontros e congressos que culminaram com a elaboração da Lei Uniforme sobre letras de câmbio e notas promissórias e, em seguida, a análise da entrada em vigor da Convenção como compromisso internacional e a questão das reservas formuladas, verificando o que representam e o que possibilitam, permitindo, assim, a compreensão das razões pelas quais são ou não adotados determinados pontos da Lei Uniforme. Nesta parte não há questões que causem maiores divergências doutrinárias. Trata-se de uma análise da vigência da Convenção em nível internacional.

O segundo subitem da primeira parte trata, ainda, da vigência da Convenção, mas, agora, do ponto de vista nacional, apresentando o tema, também, em dois subitens. O primeiro examina a incorporação da Lei Uniforme como norma interna, sendo apresentados os atos necessários para o efetivo ingresso da Convenção em território nacional, bem como a análise do início da vigência da Lei Uniforme aqui no Brasil, que é um dado importante para o exame da eficácia da norma uniforme. O segundo apresenta outra questão posta como necessária, que é a que se refere às chamadas "Reservas adotadas", ou seja, a análise de quais os artigos que foram reservados, ou seja, aqueles que efetivamente foram utilizados pelo Brasil, pois esse é um ponto de fundamental importância, antes de se iniciar a interpretação da Lei Uniforme de Genebra. O capítulo é encerrado com outra questão de extrema relevância, que é um estudo sobre a situação da Lei Cambial Brasileira, o Decreto nº 2.044, de 31 de dezembro de 1908, para verificar a sua vigência com a adoção da Lei Uniforme em razão das reservas acolhidas e pela falta de lei posterior.

A segunda parte do trabalho – Desafio Remanescente: A Aplicação Efetiva da Lei Uniforme – analisa a efetiva aplicação da Lei Uniforme com o exercício das reservas e suas conseqüências. Esse capítulo é apresentado em dois itens, sendo o primeiro – Aplicação conjugada da Lei Uniforme com a Lei Brasileira – que propõe um exame de dois artigos selecionados, que são reservas adotadas, pois foram entendidos como tipos de reservas: uma de complementação genérica e outra de exclusão. Assim, o primeiro subitem analisa a reserva do artigo 2º do Anexo II, que traz uma situação em que não é excluída a aplicação da Lei Uniforme, em que pese a adoção da reserva e conjugação da aplicação da lei brasileira, eis que a mesma permite tão-somente a complementação de seu conteúdo. O segundo subitem apresenta o exame da reserva prevista no artigo 3º do Anexo II, cujo exercício faculta excluir a observância da Lei Uniforme, utilizando-se de forma conjugada a lei brasileira.

O segundo item desta parte faz uma análise das lacunas resultantes da conjugação das normas uniformes em razão da utilização da faculdade prevista pelas reservas e da falta de norma nacional, apresentando em dois subitens a problemática. No primeiro, é analisada a reserva prevista no artigo 10 do Anexo II, que traz uma situação que não é pacífica na doutrina que refere a utilização da Lei Uniforme. Há divergência em razão do exercício da referida reserva que permite completar o disposto na norma uniforme, contudo, a complementação do conteúdo uniforme não encontra respaldo na legislação cambial brasileira vigente. Assim, o último subitem enseja, justamente, a questão da lacuna como uma conseqüência da simples adoção da sistemática de inclusão de lei uniforme com artigos reservados, sem a elaboração de uma nova lei, ou seja, com a busca de solução na lei anterior; entretanto, essa forma de conjugar a legislação acarretou a constatação de lacunas.

Por derradeiro, após toda a análise fruto de pesquisa doutrinária, procede-se a uma síntese conclusiva sobre o tema, visando a facilitar a compreensão da interpretação que se faz necessária para uma boa aplicação da Lei Uniforme de Genebra no Brasil.

Destarte, o presente trabalho está voltado para a provocação do estudo das conseqüências advindas da adoção de uma convenção internacional referente a letras de câmbio e notas promissórias que visa à uniformização das normas pertinentes. Isso demanda uma interpretação dos dispositivos, não só da Lei Uniforme como também da Lei Brasileira, para uma melhor compreensão de toda a sistemática cambial vigente, sem qualquer pretensão de esgotar o tema que, ainda nos dias de hoje, causa perplexidade pela falta de clareza com que a matéria é tratada e utilizada na prática.

Pretende-se despertar o interesse de estudiosos sobre o assunto, que é rico não só em termos de aplicação de conhecimentos interpretativos, mas também por ser uma matéria bastante atual, que envolve o compromisso internacional e pelo fato de os títulos de crédito estarem sempre presentes na economia brasileira, além de não haver posicionamento unânime na doutrina.

Títulos de Crédito – *DESAFIOS INTERPRETATIVOS DA LEI UNIFORME DE GENEBRA NO BRASIL*

## Parte I

# O desafio superado:
# a vigência da Lei Uniforme

# 1. A vigência internacional da Convenção

A Convenção para adoção de uma legislação uniforme surgiu da necessidade dos Estados em intensificar o comércio internacional,[1] devido ao progresso não só das comunicações mas, também, do desenvolvimento industrial que leva à interdependência dos povos.[2]

A utilização da letra de câmbio como instrumento de crédito[3] facilitava as trocas dentro das fronteiras de um mesmo Estado como, ainda, era utilizada para substituir a moeda internacional.[4] A sua criação em um Estado e circulação em outro dava origem a inúmeras relações.[5]

Havendo disciplinamento diferente sobre a mesma matéria,[6] surgem conflitos e dificuldades para a perfectibilização das negociações.[7] As relações comerciais enfraquecem, ao mesmo tempo que se criam dúvidas aos

---

[1] SUPINO, David; SEMO, Jorge. *De la letra de cambio y del pagare cambiario del cheque*. Buenos Aires: Ediar, 1950, v. 1, p. 32.

[2] MALAGARRIGA, Carlos C. *Tratado Elemental de Derecho Comercial*. 2. ed. Buenos Aires: Tipográfica Editora Argentina S.A. v. II, 1958, p. 473.

[3] Sobre a utilização como instrumento de crédito, ver TORRES, Magarinos. *Considerações e advertências sobre a letra de câmbio e a nota promissória*. São Paulo: Saraiva, 1933, p. 17-18.

[4] FERREIRA, Waldemar. *Tratado de Direito Comercial*. São Paulo: Saraiva, 1962, 8.v., p. 147. No mesmo sentido, SARAIVA, José. *A Cambial*. 2.ed. Belo Horizonte: Imprensa Oficial de Minas. 1918, p. 131.

[5] CARVALHO DE MENDONÇA, José Xavier. *Tratado de Direito Comercial*. 7. ed. Rio de Janeiro: Freitas Bastos. Vol. V, Livro III, Parte II, 1963, p. 175.

[6] FRANCO DA ROSA JR, Luiz Emygdio. *Títulos de Crédito*. Rio de Janeiro: Renovar, 200, p. 10.

[7] ORIONE, Francisco. *Tratado de Derecho Comercial*. Buenos Aires: Sociedad Bibliográfica Argentina, 1964, p. 203.

banqueiros, que não têm como conhecer as inúmeras legislações, acarretando a recusa das letras pela incerteza.[8]

Dentro deste cenário é que se criou a idéia de unificação, que é, na verdade, uma tendência que se fez notável, especialmente no direito cambiário, pois sua regulamentação independe de costumes locais, idéias religiosas ou até princípios próprios de um só povo.[9] O direito cambiário atenta mais a imperativos de ordem técnica. Assim, pode-se afirmar que é particularmente apropriado para a unificação de sua legislação.[10] O presente capítulo apresenta a Vigência da Lei Uniforme sob dois enfoques. O primeiro refere-se à vigência da Convenção em nível internacional, que exige, necessariamente, a apresentação dos diversos movimentos em prol do surgimento da Lei Uniforme e, também, do exame da entrada em vigor da Convenção com suas reservas.

Num segundo momento, o estudo apresenta uma análise da vigência da Convenção em nível nacional, que prescinde da apreciação da incorporação da Lei Uniforme ao Direito Brasileiro e da situação da Lei Cambial brasileira em face das reservas adotadas pelo Brasil.

## 1.1. O surgimento da Convenção

A necessidade de unificação do Direito Cambiário foi surgindo devido à utilização da cambial, como precioso instrumento de crédito. Era praticada não só internamente, mas também além das fronteiras por diversos países,[11] que, para evitar e dirimir os conflitos relativos à matéria, tentavam criar um sistema único.

---

[8] CARVALHO DE MENDONÇA, José Xavier. Op. cit., p. 175.
[9] SILVA PINTO, Paulo J. *Direito Cambiário.* Rio de Janeiro: Revista Forense, 1948, p. 65-66.
[10] SUPINO, David e SEMO, Jorge. Op. cit., p. 32.
[11] FRANCO DA ROSA JR, Luiz Emygdio. Op. cit., p. 11.

Para lograr êxito na tentativa de unificar as legislações, seria necessário um estudo comparado do Direito,[12] até para se trabalhar com as verdadeiras diferenças e semelhanças entre elas,[13] de forma a poder apontar soluções práticas para criação de legislação unificada. A tentativa de unificação só seria possível se todos os países interessados se reunissem, a fim de discutir todos os pontos e decidir como elaborar a Lei Uniforme. Deste modo, os Estados comprometer-se-iam a transformá-la em lei interna.

Destaca-se ainda que a tarefa não era assim tão simples, pois a adoção de uma lei uniforme, pura e simplesmente, resultaria na derrogação da legislação interna do Estado, caso viesse a colidir com as normas pertinentes e todo o sistema em vigor. Essa era uma das questões que deveria ser analisada.

O movimento em prol da unificação da legislação cambial foi impulsionado pela realização de diversos estudos, manifestações e conferências, envolvendo a iniciativa privada de vários Organismos Internacionais e a iniciativa oficial dos Estados interessados que contribuíram imensamente para a uniformização.[14]

É de fundamental importância citar, ainda que brevemente, que as primeiras manifestações ou estudos em prol da unificação da legislação foram realizados, justamente, por Organismos Privados de Codificação, dentre os quais são destacados alguns.

a) *Association Internationale pour le Progrès des Sciences Sociales*[15]

---

[12] SILVA PINTO, Paulo J. Op. cit., p. 66.

[13] Neste sentido é a lição de Ascarelli quando analisa o direito comparado. ASCARELLI, Tullio. *Premissas ao estudo do direito comparado.* Revista Forense 90, 1942, p. 653.

[14] Orione, ao analisar os trabalhos para unificação, faz a distinção das iniciativas privadas e das oficiais. ORIONE, Francisco. *Tratado de Derecho Comercial-Letra de Câmbio.* Op. cit., p. 206.

[15] Associação de caráter privado, fundada em 1857.

Títulos de Crédito – *DESAFIOS INTERPRETATIVOS DA LEI UNIFORME DE GENEBRA NO BRASIL*

A maioria da doutrina[16] afirma que a primeira manifestação,[17] efetivamente, prática em prol do estudo para unificação das normas relativas às letras de câmbio, foi de iniciativa de Asser,[18] em Gante, no ano de 1863, quando expôs o problema em uma reunião da *Association Internationale pour le Progrès des Sciences Sociales*, sinalizando sobre a possibilidade e a conveniência de uma legislação uniforme.[19]

Em sua proposta, sugeriu a criação de um normativismo cambiário uniforme que abrangesse os sistemas então existentes – o anglo-saxão, o francês e o germânico[20] – com o fim de substituir todos os ordenamentos internos dos Estados concordantes. Assim, consolidar-se-ia um único padrão legal relativo às letras de câmbio. Foi citada, como exemplo, a Alemanha, que, em 1847, fixou regras uniformes sobre direito cambiário para os seus diversos Estados.[21]

Desde então, seguiram-se várias outras discussões na mesma tentativa de unificação.[22]

b) *Société de Legislation Comparée*[23]

Posteriormente àquela manifestação de Asser, que teria dado origem à discussão da temática da unificação, em Paris no ano de 1869,[24] voltou-se a trabalhar sobre o mesmo assunto.

---

[16] Diz-se a maioria, pois há referências anteriores a essa, demonstrando que "a idéia de unificação não é nova." CARVALHO DE MENDONÇA, José Xavier. Op. cit., p. 176.

[17] SILVA PINTO, Paulo J. da. *Direito Cambiário*. Rio de Janeiro: Revista Forense, 1948, p. 69.

[18] T. M. Asser era advogado e professor de Direito na Universidade de Amsterdam.

[19] MALAGARRIGA, Carlos. Op. cit., p. 474.

[20] PRADO, Juan Alberto. *Régimen Internacionale de los Títulos de Crédito*. Buenos Aires, 1970, p. 16-17.

[21] CARVALHO DE MENDONÇA, José Xavier. Op. cit., p. 176.

[22] Maiores detalhes sobre a unificação do direito cambiário, ver POTU, Emile. *L'unification du droit relatif à la lettre de change et au hillet à ordre*. Paris, 1916, p. 7 e s.

[23] Organismo de caráter privado.

[24] No mesmo ano, em Gênova, houve um Congresso das Câmaras de Comércio no qual foi aprovada a proposta de Minghette – Ministro da Agricultura

Nessa reunião foi constituída uma Comissão com a finalidade de proceder ao estudo crítico preliminar comparativo das diversas legislações cambiárias.[25] A partir deste estudo, então, compreendendo as semelhanças entre as legislações, é que seria possível partir-se para a elaboração de um esboço da unificação das leis cambiárias.

Entre os anos de 1872 e 1875, alguns jurisconsultos que se interessaram pelo assunto seguiram reunindo-se em Congressos na Hungria, na Dinamarca e na Alemanha, com o mesmo propósito, ou seja, proclamando a necessidade da unificação dos diversos regimes cambiários como medida imperativa resultante dos reclamos do comércio internacional.[26] A idéia de unificação continuava sendo trabalhada.

c) *International Law Association*[27]

Em 1873, foi fundada a *International Law Association*, que tinha, também, como preocupação, a unificação das legislações cambiárias.

Foram realizadas diversas reuniões sucessivas entre os anos de 1876 e 1878, em Bremen[28](1876), Anvers (1877) e Frankfurt (1878), declarando que a unificação das leis concernentes às letras de câmbio era uma necessidade do comércio internacional.[29] O resultado dessas reuniões é que foram tomadas 27 resoluções,

---

e do Comércio – para que o governo tomasse a iniciativa e tratasse com outros governos estrangeiros para adotar a lei cambial uniforme. SARAIVA, José. *A cambial*. Rio de Janeiro: José Konfino. 1947, vol. III, p. 6.

[25] MENEZES, Rodrigo Otávio. *Relatório apresentado ao Ministério das Relações Exteriores (Conferência Internacional de Haia)*. Rio de Janeiro, 1911, p. 4.

[26] SAMPAIO, Pedro. *Letra de Câmbio e Nota Promissória*. São Paulo: Saraiva, 1975, p. 4.

[27] É uma associação inglesa, que surgiu em Birmingham como Associação para reforma e codificação do direito das gentes, prosperando até hoje como *International Law Association*.

[28] Diz Carvalho de Mendonça que: "Em 1876 o Congresso de Bremen formulou, de acordo com os princípios da ordenança alemã, certas regras visando a unificação. O congresso de Budapeste, em 1878, adotou-as com ligeiras variantes." CARVALHO DE MENDONÇA, José Xavier. Op. cit., p. 177.

[29] MALAGARRIGA, Carlos. Op. cit., p. 474.

organizadas em artigos, cujo conjunto levou o nome de "Regras de Bremen". Salienta-se ainda que o conjunto tinha uma sensível influência alemã.[30]

As "Regras de Bremen",[31] que solucionaram alguns dos principais problemas relativos às letras de câmbio, foram posteriormente complementadas,[32] em 1880, pelo Instituto de Direito Internacional, em Oxford.

d) *Institut de Droit International*[33]

Segundo a opinião de Asser, a reunião de 1880, do Instituto de Direito Internacional, foi uma das mais importantes, pois nela foi consolidado um anteprojeto de Direito Cambiário, corporificando vários pontos de vista de grandes juristas.[34]

O referido Instituto, em 1882, em sessão realizada em Turim, empenhado em conseguir a unificação da legislação cambiária, apresentou como necessidade a criação de um modelo que nivelasse as letras de câmbio e outros papéis cambiários.

Dentre tantos relatórios entregues ao Instituto, o de Asser argumentava em favor da implantação, levando em conta que o próprio sistema cambiário alemão já estava sendo adotado, com exceção de pequenos detalhes, por alguns países como Áustria, Hungria, Suíça, Itália e Países Escandinavos. O projeto da legislação russa, da mesma forma, contava com uma base doutrinária alemã. Além do mais, a lei belga poderia ser considerada um traço de unificação entre os sistemas alemão e francês, tendo ela, por sua vez, influenciado os ordenamentos de Espanha, Portugal, Holanda, Turquia,

---

[30] THALLER, E. *De la nécessité, en droit comparé, détudier les doctrines jurisdiques et nationales des institutions; aplicacion à la lettre de change*, in BOUTERRON, *La statu international du chèque*, Paris, 1934, p. 761.

[31] Ver as Regras de Bremen e as Regras de Budapeste em SARAIVA, José A. Op. cit., p. 6-13.

[32] Segundo Rodrigo Otávio: "As 27 regras de Bremen foram substituídas pelas 26 regras de Budapeste". MENEZES, Rodrigo Otávio. Op. cit. , p. 5.

[33] O referido Instituto é, também, de caráter privado, e foi fundado em 1873, na França.

[34] SAMPAIO, Pedro. Op. cit., p. 4.

Grécia e Romênia.[35] Este fato foi bastante contributivo para se elaborar um projeto de unificação da legislação cambiária.

Com base nessa argumentação e com vistas à elaboração de um anteprojeto, foi criada, em 1882, uma comissão que deveria apresentar um anteprojeto de Lei Cambiária Unificada,[36] em um congresso a ser realizado em Bruxelas, em 1885. O referido anteprojeto teve autoria de Norsa,[37] que fazia uma nítida distinção entre os títulos de circulação interna e os de circulação internacional. Levado a plenário, foi recomendada sua aprovação pelo Congresso de Direito Comercial, a ser realizado em Anvers, em 1885.[38]

Posteriormente às primeiras manifestações de caráter privado, surgiram outras manifestações e estudos, de impulso oficial, sendo realizados através de Congressos Internacionais, que culminaram com a elaboração da Lei Uniforme. Apontam-se, na seqüência, a título ilustrativo, alguns dos principais Congressos[39] propulsores da unificação.

a) *Congresso Internacional de Direito Comercial*

Foi organizado em Anvers, em 1885, por iniciativa do governo belga.[40] Dele surgiu a redação definitiva do anteprojeto[41] com a decisão de remetê-lo, para estudo e

---

[35] Id., ibid., p. 4.

[36] MALAGARRIGA, Carlos. Op. cit., p. 4.

[37] Norsa era um advogado de Milão. SUPINO, David e SEMO, Jorge. *De la Letra de Cambio y del pagare cambiario del Cheque.* Op. cit., p. 37.

[38] Id., ibid., p. 38.

[39] Diz Accioly: "As negociações mais importantes ou de interesse geral são realizadas, comumente, em Congressos ou Conferências. Em princípio, não existe diferença alguma entre Congressos e Conferências internacionais. Uns e outras são reuniões de representantes de Estados, para discussão e solução de questões internacionais." ACCIOLY, Hildebrando. *Tratado de Direito Internacional Público.* 2. ed. Rio de Janeiro. vol. I, 1956, p. 511.

[40] Essa congresso ganhou caráter oficial, pois foi realizado com autorização especial do rei da Bélgica. MALAGARRIGA, Carlos. Op. cit., p. 475-476.

[41] Neste Congresso foi nomeada uma comissão dividida em duas seções, uma sob o comando de Eudore Pirmez, que elaborou o projeto de lei cambial internacional, e, a outra, sob o comando de Jacobs, que deveria analisar

parecer sobre a conveniência de sua adoção dentro do Direito positivo dos diversos Estados concordantes, às associações jurídicas estrangeiras e nações interessadas, que teriam algum tempo para se manifestar no Congresso de Bruxelas,[42] em 1888.

Assim, com a colaboração de vários países, foi adotado um projeto de Lei Cambiária,[43] fundado no sistema alemão e modificado pelo Congresso de Bruxelas, que não conseguiu ter vigência interna nem mesmo entre as nações que concorreram para o referido conclave.[44]

Pode-se afirmar que esses congressos, efetivamente, proporcionaram uma contribuição bastante útil, do ponto de vista doutrinário, para futuros trabalhos em prol da unificação, porque a eles compareceram quase todos os países europeus, a Argentina e os Estados Unidos.[45]

b) *Congresso de Direito Comparado e Congresso Jurídico Americano do Rio de Janeiro*

Têm-se notícias de que até 1900 continuaram os estudos para a unificação; todavia, as atividades foram menos intensas, culminando nestes dois Congressos, o Jurídico Americano, no Rio de Janeiro, no ano de 1900 e, em seguida, em Paris, no mesmo ano, o de Direito Comparado,[46] dos quais resultaram conclusões muito favoráveis à adoção do princípio da autonomia das

---

questões de direito marítimo. CARVALHO DE MENDONÇA, José Xavier. Op. cit. p. 177.

[42] Diz Orione que: "El Congreso internacional de Bresulas de 1888, fué el continuación del Congreso de Amberes de 1885, en el cual se limitaron las resoluciones a lo que puedes llamarse derecho cambiario formal, para evitar los inconvenientes surgidos en amberes. Adoptó, en consecuencia, el proyecto elaborado anteriormente, eliminando todo precepto que no fuese de carater estrictamente cambiario." ORIONE, Francisco. Op. cit. p. 207.

[43] Desses congressos não restou elaborado qualquer tratado ou convenção; apenas serviu de contribuição doutrinária.

[44] Sobre os pontos destacados e discutidos, as razões das controvérsias resultantes dos projetos apresentados nos Congressos de Antuérpia (1885) e Bruxelas (1888), ver SARAIVA, José A. Op. cit., p. 16-25.

[45] SILVA PINTO, Paulo da. Op. cit., p. 70.

[46] SUPINO e SEMO. Op. cit., p. 39.

obrigações cambiárias, filiando-se, assim, ao sistema alemão e, por conseguinte, abandonando as linhas do sistema francês.[47]

Cabe salientar que muitas obras que foram realizadas no Século XIX, de unificação interna da legislação,[48] como a do Direito alemão, com a Ordenança de 1848, a do Direito suíço, com o Código Federal de Obrigações, de 1883, que pôs fim à divergência dos direitos cantonais, e a do Direito cambiário norte-americano, iniciada em 1896 e terminada em 1924, colaboraram, pela demonstração das possibilidades internas, para a discussão da possibilidade da unificação internacional do Direito cambiário.[49]

Diversas outras reuniões e votos se seguiram, na mesma tentativa de unificar o corpo de leis que regeria os títulos de crédito como, por exemplo, os Congressos Internacionais das Câmaras de Comércio, em Liège (1905), Milão (1906), Berlim (1906)[50] e, posteriormente também, em 1908, o Congresso da *International Law Association*. Todos, de uma forma ou de outra, deram subsídios para a obra que seria realizada em Haia, além de demonstrarem o interesse na realização de uma Conferência Internacional de Direito Cambiário.[51]

c) *Conferência de Haia*

Não há qualquer dúvida de que a Conferência mais importante, tendo em vista os conclaves básicos, foi a de Haia, onde ocorreram, na verdade, duas conferências, uma em 1910, e outra em 1912.

A primeira Conferência de Haia foi convocada pelo governo holandês por sugestão dos governos alemão e italiano,[52] sob a presidência de Asser, tendo a ela compa-

---

[47] POTU, Emile. Op. cit., p. 262.
[48] SAMPAIO, Pedro. Op. cit., p. 5.
[49] SILVA PINTO, Paulo da. Op. cit., p. 73.
[50] SAMPAIO, Pedro. Op. cit., p. 5.
[51] SUPINO e SEMO. Op. cit., p. 39.
[52] ORIONE, Francisco. Op. cit., p. 208.

recido, aproximadamente, trinta e dois (32) países.[53] Foi de suma importância, pois foi onde surgiu um anteprojeto de convenção internacional sobre a unificação do Direito relativo à letra de câmbio e à nota promissória, e um anteprojeto de lei uniformizadora das regras cambiárias que seriam, posteriormente, apreciadas por todas as nações interessadas.[54]

Todavia, o referido anteprojeto sofreu algumas críticas como, por exemplo, a previsão da possibilidade de os Estados derrogarem-na em pontos essenciais, pois isto prejudicaria, e muito, a uniformização.[55] Outro ponto sujeito a críticas foi com relação às regras de Direito Internacional Privado, criadas pela convenção. Mas, apesar de todas as críticas, não se pode negar o caráter benéfico da Convenção para a elaboração prática do Direito Cambiário uniforme, ou melhor, pode-se dizer que o grande mérito foi fixar, definitivamente, qual o sistema predominante na Europa.[56]

No que se refere à segunda Conferência de Haia, em 1912, em que se reuniram 38 Estados, destes, 30 assinaram o protocolo final que continha a convenção internacional e as resoluções da Conferência.[57] Esta tinha como base o anteprojeto elaborado em 1910, mas com notável progresso, e no qual se mantiveram as reservas para os casos de divergências pela filiação aos sistemas francês ou alemão, e foi ainda elaborado um regulamento sobre os conflitos de leis.

É importante apenas citar algumas das particularidades estabelecidas pelo Regulamento de 1912, para que se possa entender a inclinação ao sistema teuto-italiano,[58] embora, para a elaboração do Regulamento, a

---

[53] SARAIVA, José A. Op. cit., p. 28.
[54] MALAGARRIGA, Carlos. Op. cit., p. 477.
[55] SUPINO e SEMO. Op. cit., p. 40.
[56] Sobre críticas, projeto e alterações decorrentes da Conferência de Haia de 1910, ver SARAIVA, José. Op. cit., p. 27-56.
[57] PONTES DE MIRANDA. *Tratado de Direito Cambiário*. São Paulo: Bookseller. 2000, p. 101.
[58] FRANCO DA ROSA JR, Luiz Emygdio. Op. cit., p. 12.

Convenção tivesse contado com enorme cooperação da delegação francesa, que também abriu mão de certas características próprias do seu sistema.[59] Dentre estas peculiaridades, ficou estabelecido que a cambial é um título à ordem, que contém uma promessa ou ordem incondicional, dispensa o requisito da *distantia loci*, contém cláusula cambiária e pode circular por endosso. Garante o Regulamento proteção absoluta ao portador, salvo caso de má-fé e intenção fraudulenta. Independe a validade do aval da validade da obrigação do avalizado, e o avalista tem o direito de regresso contra o avalizado.[60] Salienta-se que essa Conferência revisou as resoluções do Congresso anterior e corporalizou o Projeto da Lei Uniforme sobre Letras de Câmbio e Notas Promissórias que, na verdade, ficou mais conhecido como "Regulamento de Haia", e também foi convertido em lei nacional em alguns países.[61] Apesar de todos os esforços, a obra de Haia de 1912 sofreu sérias críticas.

Mas, foi principalmente em virtude da eclosão da Primeira Guerra Mundial que ficou sensivelmente prejudicada e impedida a efetiva continuidade dos trabalhos de Haia. Entretanto, já havia sido estabelecida a base da unificação.

### d) *Conferência de Genebra*

Durante todo o período da Primeira Guerra Mundial, não houve qualquer movimento em prol da unificação, porém, logo após a grande batalha, com a recomposição tanto do cenário político como econômico

---

[59] O sistema francês, originário do Código Comercial de 1807, apresentava as seguintes características: a) a criação de letra de câmbio só podia resultar de contrato de câmbio; b) o sacador devia provisionar fundos junto ao sacado; c) era indispensável o atendimento dos requisitos da *permutatio pecuniae* e da *distantia loci*.

[60] SILVA PINTO, Paulo J. da. Op. cit., p. 73.

[61] Segundo Pedro Sampaio, "(...) foi convertido em lei pela China, Turquia, Polônia, Sérvia, Nicarágua, Guatemala, Equador, Venezuela e Iugoslávia." SAMPAIO, Pedro. Op. cit., p. 6.

da Europa, foi possível começar uma movimentação, trazendo novamente às associações culturais a idéia da unificação da legislação cambiária.

Houve uma preparação, primeiramente, pelo Congresso de Bruxelas sobre finanças[62] (1920); mais tarde, da Câmara Internacional de Comércio, nos Congressos de Londres (1921), Roma (1923), Bruxelas (1925) e Estocolmo (1927), no sentido de despertar o interesse da Liga das Nações para que impulsionasse os trabalhos de unificação, iniciados em Haia, tendo também uma solicitação de Estocolmo junto ao Comitê Econômico da Liga para uma terceira conferência.[63]

Assim, por meio de alguns movimentos de apelação para ativar a Liga das Nações,[64] o Comitê Econômico nomeou uma comissão de juristas para elaborar um parecer sobre o assunto da unificação,[65] do qual resultou a conclusão de que seria impossível uma unificação geral das legislações, mas vingava a idéia da conveniência da unificação dos sistemas continentais, tomando por base a obra de Haia, e que uma futura assimilação com o sistema anglo-americano poderia ser alcançada progressivamente.[66] Entendeu-se, então, que algumas das reservas editadas deveriam ser mantidas, e que os Estados Unidos e o Reino Unido deveriam fazer parte da conferência; entretanto, não poderiam fazer sua adesão.[67]

Dessa forma, coube efetivamente à Liga retomar os contatos iniciais que, posteriormente, conduziriam à Convenção de Genebra.

---

[62] SUPINO e SEMO. Op. cit., p. 43.

[63] SILVA PINTO, Paulo da. Op. cit., p. 74.

[64] "(...) a Sociedade das Nações (SDN), também conhecida como Liga das Nações. Tratava-se de uma associação intergovernamental, de caráter permanente, com vocação universal, baseada nos princípios da segurança e da igualdade entre os Estados soberanos". SEITENFUS, Ricardo. *Manual das Organizações Internacionais*. Porto Alegre: Livraria do Advogado, 1997, p. 85.

[65] BORGES, João Eunápio. *Títulos de Crédito*. Rio de Janeiro: Forense, 1972, p. 44.

[66] MOSA, Lorenzo. *La cambiale secondo lanuova legge*. Milão, 1937, p. 158.

[67] SALANDRA, Vitorio. *Per l'unificazione internazionale del diritto cambiário*. Rivista Diritto Comerciale 27, 1929, p. 591 e s.

Foi nomeada, pela Liga das Nações, uma nova comissão com o intuito de formular um projeto que seria distribuído aos diversos governos interessados na unificação para que cada um opinasse.[68] Tal projeto, que basicamente reproduzia o antigo Regulamento Uniforme de Haia com pequenas modificações,[69] contou com a votação de 32 Estados, proclamando uma nova conferência.

Enfim, reuniram-se na Conferência de Genebra, em 1930, representantes de 31 Estados, para discutir amplamente o problema da unificação.[70] Esta foi, sem a menor dúvida, a maior realização em matéria de unificação internacional do Direito cambiário,[71] que pode até ser chamada de maior expressão da cultura jurídica continental. Foi de tamanha relevância que os mais cultos e importantes países europeus a adotaram.[72]

Essa Conferência terminou por aprovar, em 7/6/1930, a adoção de três Convenções:[73]

a) *uma convenção para adoção de uma lei uniforme sobre letras de câmbio e notas promissórias, com o próprio texto da lei uniforme - encontrado no Anexo I; pelas reservas - encontradas no Anexo II; e o Protocolo;*

b) *uma convenção, destinada a regular alguns conflitos de leis em matéria de letras de câmbio e notas promissórias, que se compunha não só da convenção, mas também do Protocolo;*

c) *uma convenção relativa ao imposto do selo em matéria de letras de câmbio e notas promissórias, integrada pelo texto da convenção, mais o Protocolo.*

---

[68] SILVA PINTO. Paulo da. Op. cit., p. 75.

[69] MOSA, Lorenzo. Op. cit., p. 157.

[70] SILVA PINTO. Paulo da. Op. cit., p. 75.

[71] Ver GUIMARÃES, Hahnemann. *Renovação e Uniformização do Direito Cambiário*. Revista Forense 87, p. 609 e s.

[72] SILVA PINTO, Paulo da. Op. cit., p. 77.

[73] O presente trabalho abordará apenas a Lei Uniforme sobre letras de câmbio e notas promissórias prevista no Anexo I da Convenção, e as reservas do Anexo II da Convenção, adotadas pelo Brasil, não está incluso o estudo sobre o protocolo e as demais convenções citadas.

Destaca-se que todas as três convenções são independentes entre si e poderão ser adotadas, separadamente. Estabelecida a Convenção para adoção de uma lei uniforme, caberia aos Estados assinar a ata de adesão,[74] em que se comprometessem a adotar internamente a lei uniforme com as reservas pertinentes às suas peculiaridades.

Tem-se notícia de que diversos países alhearam-se das discussões sobre o assunto; outros tomaram assento nos conclaves; todavia, não ratificaram os resultados, ou, ainda, ratificaram, mas não deram vigência interna às normas unificadoras, enquanto outros aderiram imediata ou posteriormente à Lei Uniforme.

A Inglaterra, apesar de ter participado dos estudos e trabalhos em prol da unificação do sistema cambiário, subscreveu apenas a convenção sobre o selo pago, em decorrência da emissão das letras de câmbio e notas promissórias com seu respectivo Protocolo. As razões pelas quais o Império Britânico não aderiu constam dos relatórios da Convenção, em que foram expostos, dentre os motivos, a existência de uma legislação cambial unificada, já aceita pelos povos anglo-saxões; a adoção, pela lei inglesa, da *lex loci contractus* e da *lex domicilii*, em desacordo ao adotado pela Convenção sobre Conflito de Leis; da mesma forma, quanto à divergência no que se refere ao princípio adotado pelo Direito inglês *locus regit actum*.[75]

---

[74] A adesão "é uma forma de expressão definitiva do consentimento do Estado em relação ao tratado internacional. (...) Aderente é, em princípio, um Estado que não negociou nem assinou o pacto – e que assim não pode ratificá-lo -, mas que, tomado de interesse por ele, decide tornar-se parte.(...) em casos não exatamente comuns, o aderente é um Estado que negociou e firmou o pacto, mas que, tendo perdido o prazo para ratificá-lo, vale-se da oportunidade aberta aos não-signatários para tornar-se parte mediante adesão. Tal foi que sucedeu com o Brasil no caso das Leis uniformes de Genebra sobre títulos de crédito." REZEK, José Francisco. *Direito Internacional Público: Curso Elementar.* 8. ed. São Paulo: Saraiva. 2000. p. 84-85.

[75] SAMPAIO, Pedro. Op. cit., p. 9.

As mesmas razões apresentadas pela Inglaterra foram invocadas pelos Estados Unidos,[76] que agregaram outras, como a autonomia de seus estados-membros em face da Federação e o entendimento do Poder Legislativo Federal que eram totalmente adversos à lei genebriana, o que tornava praticamente impossível introduzir as alterações propostas pela Convenção.[77] Assim, os Estados Unidos compareceram apenas como observadores,[78] mas não aderiram às regras uniformes de Genebra.

Quanto à Espanha, lembra-se que a nação não só participou dos trabalhos de unificação, como também ratificou a Convenção sem, todavia, fazer incluir em seu ordenamento jurídico interno, tendo restado apenas, à referida Convenção, como um compromisso internacional.[79] No caso argentino é diferente, pois, apesar de não ter participado dos trabalhos das Convenções de Genebra,[80] absorveu quase que inteiramente a Lei Uniforme. Sua legislação interna sobre regras cambiárias sofreu violenta influência do ordenamento genebriano, tanto que, se confrontados, teremos artigos da lei argentina correspondentes ao da Lei Uniforme.[81]

Dentre os países da Ibero-América, salienta-se o México como o mais influenciado pela Lei de Genebra. Alguns adotaram como lei interna o próprio Regulamento de Haia, enquanto outros repetiram a lei cambiária norte-americana e tiveram influxo do Código Comercial Francês.[82]

O Brasil foi um dos Estados que assinou a Convenção de Genebra, filiando-se ao sistema cambiário uniforme, assumindo a obrigação de fazer da Lei Uniforme sua lei interna, com a observância da adoção de algumas reservas.[83]

---

[76] SUPINO e SEMO. Op. cit., p. 45.
[77] SAMPAIO, Pedro. Op. cit., p. 9.
[78] SILVA PINTO, Paulo da. Op. cit., p. 75.
[79] SAMPAIO, Pedro. Op. cit., p. 9.
[80] MALAGARRIGA, Carlos. Op. cit., p. 482-482.
[81] SAMPAIO, Pedro. Op. cit., p. 9.
[82] Id., ibid., p. 9.
[83] FERREIRA, Waldemar. Op. cit., p. 148.

Para a perfeita compreensão dos efeitos da Convenção é necessário um estudo, ainda que breve, sobre a sua efetiva entrada em vigor no Brasil, bem como a questão das reservas propostas, como segue no presente trabalho.

## 1.2. A entrada em vigor da Convenção e a questão das reservas

É importante analisar qual o momento da vigência da Convenção em nível internacional, da mesma forma que a questão das reservas apresentadas que possibilitam aos Estados não só afastarem a vigência de determinados pontos da Lei Uniforme, para utilizarem sua legislação interna como também complementarem seu conteúdo.

Com a criação da Lei Uniforme de Genebra, pela Convenção Internacional, os países que a ela aderiram tiveram que se manifestar, comprometendo-se a inseri-la em suas legislações internas, com a necessária observância das reservas adotadas.

Examinando os termos da referida Convenção, no tocante ao início da sua vigência, tem-se o art. 6º, que expressa:

"A presente Convenção somente entrará em vigor depois de ter sido ratificada ou de a ela terem aderido sete membros da Sociedade das Nações ou Estados não-membros, entre os quais deverão figurar três dos membros da Sociedade das Nações com representação permanente no Conselho.
Começará a vigorar 90 (noventa) dias depois de recebida pelo secretário-geral da Sociedade das Nações a 7ª ratificação ou adesão, em conformidade com o disposto na alínea primeira do presente artigo."

Então, pelo art. 6º, tem-se que a Convenção somente entraria em vigor após a sétima ratificação[84] ou nota de adesão, contada do dia em que fosse recebida pelo Secretário-Geral da Sociedade das Nações.[85] A Alemanha foi o sétimo país a manifestar a sétima ratificação, em 3/10/1933.[86] Todavia, lê-se, na referida Convenção, em seu art. 7º, que:

"As ratificações ou adesões após a entrada em vigor da presente Convenção em conformidade com o disposto no art. 6º produzirão os seus efeitos 90 (noventa) dias depois da data da sua recepção pelo secretário-geral da Sociedade das Nações."

Logo, vigente a Convenção, após a sétima ratificação, as demais ratificações ou adesões teriam vigor somente decorridos 90 dias do recebimento pelo Secretário-Geral da Sociedade das Nações.[87]

Assim, pode-se afirmar que a Convenção, como obrigação internacional, passou a existir a partir da 7ª ratificação, contudo, posteriormente, a sua vigência internacional passou a vigorar, para os demais Estados, 90 dias a contar das suas respectivas adesões.

---

[84] Accioly informa que: "Assinado um tratado, é ele, submetido em cada Estado contratante a certas formalidades, estabelecidas pela respectiva lei interna. Em geral, entre as mesmas figura, primeiro que tudo, a aprovação do ato pelo Congresso ou Parlamento Nacional, ou antes, a autorização, por este ou aquele, ao poder executivo, para que proceda a outra formalidade, destinada a por em vigor o tratado e chamada *ratificação*. (...) ato pelo qual o poder executivo, devidamente autorizado pelo órgão para isso designado na lei interna, confirma um tratado ou declara que este deve produzir efeitos." ACCIOLY, Hildebrando. Op. cit., p. 574.

[85] O Pacto da Sociedade das Nações previa que todo o Estado-Membro que realizasse um tratado deveria registrar na secretaria da organização, que, então faria publicar. REZEK, José Francisco. Op. cit., p. 74.

[86] PONTES DE MIRANDA, Francisco Cavalcanti. *Tratado de Direito Privado*. V. 34, Rio de Janeiro, 1961, p. 76.

[87] Alerta Accioly que "quando se tratava de convenções celebradas sob os auspícios da Liga das Nações, os instrumentos de ratificação não eram, geralmente, enviados a um governo, mas ao Secretário da Liga em cujos arquivos ficavam depositados." ACCIOLY, Hildebrando. Op. cit., p. 596.

É pertinente destacar que a efetiva entrada em vigor da Convenção torna-a obrigatória como compromisso internacional para os Estados aderentes.[88] E pela Convenção, em questão, os Estados comprometeram-se a fazer valer a Lei Uniforme como base comum.

A Convenção foi aprovada e ratificada, com normas visando à padronização das regras gerais e norteadoras da matéria. Portanto, foi possível estabelecer, dentre aquelas, quais as normas que não seriam prejudiciais se não adotadas pelos Estados convenentes, daí surgindo as reservas.[89]

A unificação da legislação surgiria, justamente, da adoção de um regime único para todos os países aderentes que poderiam derrogar ou complementar o disposto na Lei Uniforme, para não ferir o sistema jurídico de cada um, por meio do uso de reservas.[90]

É nesse sentido a lição de Vittorio Salandra:[91]

"Adotamos, ao contrário, um regime único para todos os Estados participantes, não destinado exclusivamente a regular as relações internacionais, mas, inclusive, as internas, mediante o estabelecimento de uma lei única (anexo I), a ser observada por todos os Estados aderentes; todavia, permitiu-se a cada Estado, através das reservas, derrogá-la com relação a certos pontos determinados"

Antes da análise dos efeitos e dos tipos de reservas, convém lembrar o que vem a ser uma reserva.[92]

---

[88] FARIA, Werter. *Cheque – As Convenções de Genebra e o Direito Brasileiro.* Porto Alegre: Fabris, 1978.

[89] Diz Rezek que: *"A reserva é um qualificativo do consentimento."* REZEK, José Francisco. Op. cit., p. 66.

[90] O uso de reservas começou a se difundir na segunda metade do século XIX, quando as Convenções Multilaterais começaram a abranger cada vez maior número de estados. MELLO, Celso Albuquerque. *Ratificação de Tratados.* Rio de Janeiro: Freitas Bastos, 1966, p. 139.

[91] SALANDRA, Vittorio. *Manuale di Diritto Commerciale.* V.II, Milão, 1966, p. 236.

[92] DEVOTO, Giacomo; OLI, Gian Carlo. *Il Dizionario della Lingua Italiana.* Firense: Le Monier, 2000. "In diritto: r. di legge, principio constituzionale che demanda esclusivamente alla legge la facoltà di regolare alcune materie."

A palavra *reserva* advém do latim *reservare*, tendo várias conotações; nas palavras de Plácido e Silva,[93] que expressa:

> "RESERVA. Formado de reservar, do latim *reservare* (poupar, conservar, guardar, deixar de lado)".

Há inúmeros sentidos para a palavra *reserva*, como no entendimento jurídico de Octávio Médice,[94] que entende como possibilidade representar uma declaração que objetiva fazer uma ressalva, garantir um direito, esclarecendo que:

> "Em linguagem jurídica e técnica, o vocábulo apresenta muitas aplicações, para expressar fatos ou atos particulares, trazendo, pois, uma adjetivação: reserva do domínio, reserva legal, reserva técnica, reserva hereditária, etc.
>
> Nos contratos, tratados e convenções, a palavra reserva emprega-se com o sentido de ressalva, restrição, de algo que se separa do todo."

Na sua opinião, o caso das reservas instituídas pela Convenção de Genebra significa *"pôr de lado"*, *"separar parte de um todo"*, *"guardar para outro tempo"*.[95] Representa, para o legislador nacional, uma possibilidade de ressalva, de não-inclusão de algum dispositivo da Lei Uniforme em sua lei interna, ou de complementação do seu conteúdo, ou seja, estabelecendo uma faculdade para o Estado convenente adotar esta ou aquela orientação, conforme melhor lhe aprouver.

A reserva, segundo a definição da Convenção sobre Direito dos Tratados de 1969, em Viena, definiu, em seu art. 2º, nº 1, *d*:[96]

---

[93] DE PLÁCIDO E SILVA. *Vocabulário Jurídico*. Rio de Janeiro: Forense, 1998, p. 708.
[94] MÉDICI, Octávio. *Letra de Câmbio e Nota Promissória*. 6.ed., São Paulo: Jalovi, 1988, p. 110.
[95] Id., ibid., p. 111.
[96] Id., ibid.

"Reserva significa uma declaração unilateral, qualquer que seja sua redação ou denominação, feita por um Estado ao assinar, ratificar, aceitar ou aprovar um tratado ou a ele aderir, com o objetivo de excluir ou modificar os efeitos jurídicos de certas disposições do tratado em sua aplicação a esse Estado."

O referido conceito[97] foi elaborado para os tratados em geral, e não especificamente para um tratado-lei,[98] como é o caso da Convenção de Genebra. O sentido da palavra *reserva*,[99] que a lei pretendeu dar, pode ser extraído pela simples leitura do próprio Anexo II, que faz inúmeras referências à faculdade atribuída às Altas Partes Contratantes, ou seja, é a elas reservada a possibilidade de adotar ou não aquela disposição. É atribuído ao próprio Estado participante, ao aderir a determinada reserva (Anexo II), o direito de acolher ou não a orientação apresentada pela Lei Uniforme (Anexo I), ou ainda completar seu conteúdo. Assim, pode-se dizer que a reserva apresentada pela Conven-

---

[97] O esclarecimento do conceito de reserva para os tratados-leis é feito por Adolfo Maresca: "(...) a reserva, nos tratados-leis, representa mera possibilidade jurídica, para o legislador nacional, de excluir ou modificar os efeitos de certas disposições do regulamento uniforme, objeto do tratado, e não propriamente a exclusão ou modificação efetiva e imediata dessas disposições, pela ratificação do tratado, na ausência de qualquer pronunciamento específico do legislador interno sobre o assunto. Tanto mais que, dado o caráter unilateral da reserva, a doutrina costuma sublinhar o fato de que ela é revogável a qualquer momento pelo Estado que a adotou, independentemente do consentimento dos demais signatários do tratado."

[98] Conforme o próprio nome tratado-lei, é de natureza legislativa e tem por escopo uniformizar relações de direito interno, em cada país contratante, de maneira a evitar ou contornar conflitos especiais capazes de prejudicar ou dificultar relações freqüentes entre os Estados signatários, no campo estritamente jurídico. MÉDICI, Octávio. Op. cit., p. 112.

[99] Rezek afirma que a "a reserva pode qualificar tanto o consentimento prenunciativo, à hora da assinatura dependente de confirmação, quanto o definitivo, expresso por meio de ratificação ou adesão.(...) Ela é maneira de tornar possível que, reputando inaceitável apenas parte – em geral mínima, ou , quando menos, limitada – do compromisso, possa o Estado, não obstante, ingressar em seu domínio jurídico." REZEK, José Francisco. Op. cit., p. 68.

ção de Genebra apresenta uma Faculdade aos Estados contratantes.[100]

A Convenção criou a obrigação de adotar a Lei Uniforme sobre letras de câmbio e notas promissórias, que foi inserida no Anexo I, com 78 artigos, e as reservas no Anexo II, composto de 23 artigos.

Os efeitos da interpretação das reservas somente poderão ser verificados mediante a leitura de cada uma delas, para a aplicação da lei correspondente. É de lembrar que as reservas apresentadas pelo Anexo II podem ou não fazer referência expressa a determinado artigo do Anexo I, sendo chamada, em cada caso, de *reserva direta* (quando a reserva do Anexo II mencionar o artigo do Anexo I a que ela se refere) e *reserva indireta* (quando a reserva do Anexo II não fizer qualquer referência ao artigo do Anexo I a que ela está se referindo)[101] e, nesse caso, só será possível identificar qual artigo ela está reservando pelo seu conteúdo.

Pela leitura de todas as reservas, percebe-se que foram elas elaboradas como forma de dar competência para que as Altas Partes Contratantes, em adotando-as, pudessem modificar ou excluir a própria Lei Uniforme, em determinados pontos.[102]

Há reservas que apenas criam a possibilidade de o país aderente complementar a disposição da Lei Unifor-

---

[100] Esse entendimento é possível pela natureza do tratado, pois "possuem os tratados-leis duas fases de elaboração marcadamente distintas. A primeira estrutura-se dentro do âmbito do direito internacional público e para a sua consecução intervêm os Estados diretamente interessados, na qualidade de partícipes. Nesta fase, por comum, os convencionais concordam em excepcionar do tratado determinados pontos divergentes sobre os quais não houve concordância." SAMPAIO, Pedro. Op. cit., p. 31.

[101] A expressão reserva *direta* e *indireta* não é muito utilizada pelos autores. Luiz Emygdio faz uso da expressão. FRANCO DA ROSA JR, Luiz Emygdio. Op. cit., p. 18.

[102] No sentido de manter a unificação do direito sem ferir completamente a legislação nacional, foram instituídas as reservas, que segundo Lélio Campos "(...) versam, de modo geral, partes consideradas não essenciais para a unificação do direito referente à LC e NP, sôbre as quais se decidiu que cada país podia legislar livremente, ou dentro de certos limites, não importando isso em considerável prejuízo do objetivo visado, ou seja, a facilitação do tráfico internacional da LC e NP." Op. cit., p. 2.

me com sua legislação nacional, não podendo ser entendidas como reserva derrogatórias.[103] Com a adoção das reservas de natureza derrogatória, deixaria de existir a Lei Uniforme, devendo ser seguida a legislação nacional do Estado aderente à reserva. Analisando as reservas propostas pela Convenção, pode-se encontrar a previsão de reserva de natureza, verdadeiramente, derrogatória.

Há, porém, outras que permitem a não-adoção, completa, em determinados pontos dos artigos da Lei Uniforme, abrindo a possibilidade para que a parte contratante regulamente a matéria de outra maneira, que não a estabelecida como regra uniforme, ou complemente o seu conteúdo.[104]

A importância de reconhecer a natureza das reservas e de seus efeitos é essencial para a boa interpretação do sentido da própria lei e também para entender o real alcance jurídico dos pontos substanciais atingidos. Uma boa compreensão, pela análise e interpretação do conteúdo e limite da reserva, pode levar o intérprete a um entendimento doutrinário da Lei Uniforme, integrada ao sistema jurídico brasileiro, ou, caso contrário, a pouca compreensão da extensão da reserva poderá levar a crer que a Lei não guarda sintonia com o complexo legal-cambiário.

Analisada a vigência internacional da Convenção com a adoção da Lei Uniforme e das reservas propostas, prescinde o exame da sua vigência em nível nacional, no intuito de verificar não só a incorporação ao Direito Brasileiro das regras uniformes e das reservas adotadas, mas para averiguar a situação da antiga lei cambial brasileira.

---

[103] Pedro Sampaio afirma que "desde a primeira Conferência de Haia de 1910 foi ajustado que as nações presentes poderiam valer-se de determinadas reservas derrogatórias." SAMPAIO, Pedro. Op. cit., p. 33.

[104] "As reservas importam em redução do alcance da obrigação de introduzir a lei uniforme no ordenamento do Estado contratante". FARIA, Werter. *Cheque...*. Op. cit., p. 48.

# 2. A vigência nacional da Convenção

A Convenção para adoção de uma lei uniforme sobre letras de câmbio e notas promissórias como um compromisso internacional entrou em vigor com as ratificações ou adesões dos países aderentes em nível internacional, mas não significa sua imediata entrada em vigor em nível nacional.[105] Portanto, é necessário um estudo sobre a efetiva vigência nacional da referida Convenção.

Assim, o presente item apresenta a análise da vigência nacional da Convenção em duas partes, primeiro através do exame da incorporação da Lei Uniforme ao Direito Brasileiro, ou seja, como foi possível fazer integrar ao ordenamento jurídico brasileiro uma legislação estrangeira, criada por um tratado internacional. Na seqüência, apresenta-se um estudo sobre as reservas à Lei Uniforme que foram adotadas pelo Brasil e, como conseqüência, a situação da legislação cambial brasileira, ou seja, do Decreto nº 2.044, de 31 de dezembro de 1908.

## 2.1. A incorporação da Lei Uniforme ao Direito Brasileiro

A Convenção como simples compromisso internacional não tem força, por sua natureza própria, para

---

[105] Neste sentido, FRANCO DA ROSA JR, Luiz Emygdio. Op. cit., p. 14.

produzir efeitos jurídicos internos.[106] As Convenções ou Tratados Internacionais, sob o ponto de vista do Direito Público, criam obrigações aos Estados,[107] e não diretamente aos cidadãos destes Estados,[108] pois para eles impera a ordem do seu governo próprio.[109] Portanto, aquele compromisso internacional só assumiria força obrigatória quando fossem observadas as normas constitucionais brasileiras que determinavam, na época, a necessidade da aprovação pelo Congresso Nacional e a posterior publicação do competente Decreto do Presidente da República, observados os prazos legais.[110]

O Governo Brasileiro subscreveu a Convenção em 7 de junho de 1930,[111] mas sua adesão a ela só se fez em 26 de agosto de 1942, por nota da legação brasileira em Berna, ao Secretário-Geral da Liga das Nações. Como conseqüência do referido no art. 7º da Convenção, esta teria iniciado sua vigência internacional,[112] para o Brasil, somente após decorridos 90 dias a partir de 26 de agosto de 1942, data da adesão, vigendo, como compromisso internacional para o Brasil, desde 26 de novembro de 1942.

Percebe-se que não é o mesmo entrar em vigor internacionalmente e ser incorporada internamente, pois a entrada em vigor como obrigação internacional vincula somente o Estado, eis que para vigorar nacional-

---

[106] Luiz Emygdio afirma que "a mera ratificação do tratado não introduz as suas normas no direito positivo interno dos Estados, pois esta introdução depende da prática de determinados atos formais na ordem interna de cada Estado." FRANCO DA ROSA JR, Luiz Emygdio. Op. cit., p. 14.

[107] ESPÍNOLA, Eduardo. Op. cit., p. 52-53.

[108] FIORE, Pasquale. *Disposizioni generali sulla pubblicazione ed interpretazione delle leggi.* 2.ed. V.2. 1925, p. 125.

[109] Neste sentido, REZEK, Francisco. Op. cit., p. 77/78.

[110] SAMPAIO DE LACERDA, J. C. Eficácia das Convenções. *Revista de Jurisprudência do Estado.* Guanabara, s/nº, p. 4-9.

[111] MARTINS, Fran. *Títulos de Crédito: Letra de Câmbio e Nota Promissória.* 13.ed., v.I, Rio de Janeiro: Forense, 1998, p. 43.

[112] Com a vigência internacional é que surgem as obrigações para o Brasil, assim, ele poderia, inclusive, ser responsabilizado, internacionalmente, pelo eventual descumprimento da Convenção.

mente são necessários outros atos, determinados pelo sistema jurídico brasileiro, para efetiva validade e eficácia da referida norma internacional.[113]

Os atos, necessários para aplicação interna de normas jurídicas editadas em convenção internacional e destinadas a regular relações entre particulares, no âmbito interno dos países convenentes, dependem do modo disciplinado pela Constituição de cada país sobre a recepção pelo direito interno da norma internacional,[114] pois a norma jurídica, para existir legalmente como direito positivo, tem que ser incorporada de acordo com o determinado pela Constituição, e a autoridade competente tem que lhe ter atribuído força executória.[115]

A Constituição Federal[116] da época estabelecia a competência privativa do Presidente da República para celebrar tratados e convenções internacionais com o referendo do Congresso Nacional (orientação que per-

---

[113] Ver REZEK, José Francisco. Op. cit., p. 79.

[114] CAMPOS, Lélio Candiota de. A Lei Uniforme de Genebra sobre Letras de Câmbio e Nota Promissória e sua Aplicação no Brasil. In *Revista de Jurisprudência do Tribunal de Justiça do Rio Grande do Sul*. v.2, Porto Alegre, 1966, p.1-11.

[115] Lembrando a distinção feita por Saverio BIANCHI in *Corso di Codice civile italiano, Principii generali sulle leggi*, v.I, 1888, quando destaca que a existência da lei ocorre quando um preceito jurídico é emanado da autoridade legítima, preenchidas as regras e formalidades necessárias; a executoriedade depende da ordem dada pelo Poder Executivo para que se observe o preceito. e a obrigatoriedade que supõe a observância, por parte daqueles que devem obedecê-la, das condições necessárias para que possam ser legalmente obrigados a sua obediência, *apud* ESPÍNOLA, Eduardo e ESPÍNOLA FILHO, Eduardo. *A Lei de Introdução ao Código Civil Brasileiro*. Rio de Janeiro: Renovar, v.I, 1995, p. 166.

[116] Na época, estava em vigor a Constituição dos Estados Unidos do Brasil, promulgada em 18 de setembro de 1946, que em seu art. 87, inc. VII, dispunha:" Compete privativamente ao Presidente da República: (...) VII – celebrar tratados e convenções internacionais *ad referendum* do Congresso Nacional". A mesma Carta previa no Art. 66, inc. I: "É da competência exclusiva do Congresso Nacional: I – resolver definitivamente sobre os tratados e convenções celebradas com os Estados estrangeiros pelo Presidente da República" , e, mais adiante, estabelecia no Art.101, inc. III, alínea *a*: "Ao Supremo Tribunal Federal compete: (...) III – julgar em recurso extraordinário as causas decididas em única ou última instância por outros tribunais ou juízes: a) quando a decisão for contrária a dispositivo desta Constituição ou a letra de tratado ou lei federal".

Títulos de Crédito – *DESAFIOS INTERPRETATIVOS DA LEI UNIFORME DE GENEBRA NO BRASIL*

manece nas Constituições brasileiras seguintes[117] até os dias de hoje), a competência exclusiva do Congresso Nacional para resolver definitivamente sobre tratados e convenções internacionais e a competência do Supremo Tribunal Federal para julgar decisão contrária a tratado federal. Dessa forma, pelo sistema constitucional brasileiro da época, para que a norma da Convenção Internacional tivesse eficácia internamente como lei, caberia ao Presidente da República, como representante do Poder Executivo, manifestar sua adesão, por meio da assinatura, à Convenção, ato que, posteriormente, deveria ser submetido à aprovação pelo Congresso Nacional, por decreto legislativo, para, então, ser ratificado[118] internacional-

---

[117] A Constituição do Brasil de 1967 trazia em seu art. 83, inc. VIII: "Compete privativamente ao Presidente da República: (...), VIII – celebrar tratados, convenções e atos internacionais, *ad referendum* do Congresso Nacional"; em seu art. 47, inc. I: "É da competência exclusiva do Congresso Nacional: I - resolver definitivamente sobre os tratados celebrados pelo Presidente da República"; e em seu art. 114, inc. III, alínea *a*: "Compete ao Supremo Tribunal Federal: (...), III – julgar mediante recurso extraordinário as causas decididas em única ou última instância por outros tribunais ou juízes, quando a decisão recorrida: a) contrariar dispositivo desta Constituição ou negar vigência a tratado ou lei federal". No mesmo sentido, a Constituição da República Federativa do Brasil de 1969 previa em seu art. 81, inc. X: "Compete privativamente ao Presidente da República: (...) X – celebrar tratados, convenções e atos internacionais, *ad referendum* do Congresso Nacional"; no Art. 44, inc. I: "É da competência exclusiva do Congresso Nacional: I – resolver definitivamente sobre tratados, convenções e atos internacionais celebrados pelo Presidente da República"; e em seu art. 119, inc. III, alínea *a*: "Compete ao Supremo Tribunal Federal: (...) III – julgar, mediante recurso extraordinário, as causas decididas em única ou última instância por outros Tribunais, quando a decisão recorrida: a) contrariar dispositivo desta Constituição ou negar vigência de tratado ou lei federal". E, atualmente, a Constituição da República Federativa do Brasil de 1988 dispõe em seu art. 84, inc. VIII: "Compete tratados, convenções e atos internacionais, sujeitos a referendo do Congresso Nacional"; e em seu art. 49, inc. I: "É da competência exclusiva do Congresso Nacional: I – resolver definitivamente sobre tratados, acordos ou atos internacionais que acarretem encargos ou compromissos gravosos ao patrimônio nacional"; e, ainda, em seu art. 102, inc. III, alínea *b*: Compete ao Supremo Tribunal Federal, precipuamente, a guarda da Constituição, cabendo-lhe: (...) III – julgar, mediante recurso extraordinário, as causas decididas em única ou última instância, quando a decisão recorrida: (...); b) declarar a inconstitucionalidade de tratado ou lei federal".
[118] O Brasil aderiu, em caráter definitivo, sem cláusula *ad referendum*, sem a reserva de posterior ratificação pelo Presidente da República. Assim, o Congresso aprovou, sem restrições, de forma definitiva, não subordinado àquela

mente pelo Executivo, e depois, tornar lei interna, por meio da promulgação de decreto do Presidente da República e publicação do texto em português no órgão da Imprensa Oficial, para considerar vigente no território nacional.[119]

Os atos necessários à entrada em vigor da Lei Uniforme só foram realizados algum tempo depois da assinatura, aproximadamente 22 anos, com a aprovação pelo Poder Executivo, mediante sua nota de adesão à Convenção, em 26 de agosto de 1942, posterior a sua aprovação legislativa.

Essa aprovação da adesão à Convenção, pelo Poder Legislativo, ocorreu com sua ratificação por meio do Decreto Legislativo n° 54, de 8 de setembro de 1964, que assim estabelecia:

"DECRETO LEGISLATIVO N° 54 – DE 8 DE SETEMBRO DE 1964

Aprova convenções para adoção de uma lei uniforme sobre letras de câmbio, notas promissórias e cheques e respectivos Protocolos:

- convenção para a adoção de uma lei uniforme sobre letras de câmbio e notas promissórias;"

Assim, o referido Decreto referendou o compromisso assumido pela adesão à Convenção,[120] entretanto, para a total eficácia da mesma como lei interna,[121] foi necessário que, posteriormente, o Poder Executivo, pelo Decreto n° 57.663, de 24 de janeiro de 1966, determinasse que fossem observadas, executadas e cumpridas as normas estabelecidas pela Convenção, conforme se lê:

---

ratificação. MERCADO JÚNIOR. *Nova Lei Cambial e Nova Lei do Cheque*. São Paulo: Saraiva, 1971, p. 56.

[119] Sobre a integração dos tratados internacionais ao direito interno, ver: FERREIRA FILHO, Manoel Gonçalves. *Comentários à Constituição Brasileira de 1988*. São Paulo: Saraiva, 1992, v.2/21.

[120] Uma vez realizada a adesão à Convenção, efetivamente, o Brasil estaria descumprindo-a se não a internalizasse imediatamente.

[121] A aprovação congressual e a promulgação executiva são pressupostos indispensáveis para a aplicabilidade da convenção internacional no território nacional. Ver MELLO, Celso Albuquerque. *Curso de Direito Interno Público*. 4.ed. Rio de Janeiro: Freitas Bastos. V. 1, 1974, p. 125.

"DECRETO N. 57663, DE 24 DE JANEIRO DE 1966
Promulga as Convenções para adoção de uma Lei
Uniforme em matéria de letras de câmbio e notas
promissórias.

O Presidente da República:
Havendo o Governo brasileiro, por nota da Legação em Berna, datada de 26 de agosto de 1942, ao
secretário-geral da Liga das Nações, aderido às seguintes Convenções assinadas em Genebra, a 7 de
junho de 1930:
(...)
Decreta que as mesmas, apenas por cópia ao presente Decreto, sejam executadas e cumpridas tão
inteiramente como nelas se contém, observadas as
reservas feitas à Convenção relativa à Lei Uniforme
sobre letras de câmbio e notas promissórias."

Então, a Lei Uniforme teria sido convertida em lei
interna com a publicação do Decreto nº 57.663/66, de 24
de janeiro de 1966, pois somente com a publicação a lei
se torna eficaz e conhecida, e sua executoriedade, obrigatória.[122]

---

[122] Em relação a tratados internacionais, esta prática tem sido referendada
constantemente pela atual Jurisprudência do SFT como no caso da ADIn nº
1.480 Relator Min. Celso de Mello, Procedimento Constitucional de Incorporação dos tratados ou Convenções Internacionais que diz: "É na constituição
da República (...) que se deve buscar a solução normativa para a questão da
incorporação dos atos internacionais ao sistema de direito positivo interno
brasileiro. (...) a execução dos tratados e a sua incorporação ordem jurídica
interna decorrem, no sistema adotado pelo Brasil, (...) da conjugação de duas
vontades homogêneas: a do Congresso Nacional, (...) mediante decreto legislativo (...) e a do Presidente da República, (...) enquanto Chefe do Executivo
(...) mediante decreto. O iter procedimental de incorporação dos tratados
internacionais – superadas as fases prévias da celebração da convenção internacional, de sua aprovação congressional e da ratificação pelo Chefe de
Estado – conclui-se com a expedição, pelo Presidente da República, de decreto, de cuja adição derivam três efeitos básicos que lhe são inerentes: a) a
promulgação do tratado internacional; b) a publicação oficial de seu texto; e
c) a executoriedade do ato internacional, que passa, então, e somente então,
a vincular e a obrigar no plano do direito positivo interno." Outras decisões
no mesmo sentido: RTJ 58/70 Rel. Min. Osvaldo Trigueiro, RJRS, vol. 4/193,
Rel. Des. Paulo Boeckel Velloso. Sobre o assunto, ver: BORGES, José Alfredo.
Revista de Direito Tributário, v. 27/28, p. 170-173; STRENGER, Irineu. *Curso
de Direito Internacional Privado*, Rio de Janeiro: Forense, 1978, p. 108/112, e
REZEK, Francisco. *Direito dos Tratados*. Rio de Janeiro: Forense, 1984, p. 470-475.

Poderia surgir, entretanto, uma discussão sobre a data em que efetivamente teria entrado em vigor a Lei Uniforme,[123] internamente, eis que, mesmo depois de publicada, "*a lei só adquire a sua perfeita obrigatoriedade, isto é, obtém plena autoridade, decorrido o período da* vacatio legis",[124] que é, justamente, o tempo razoável de espera previsto pelo legislador, como complemento da publicação, para que todos os que devam obedecê-la ou fazê-la cumprir tomem o devido conhecimento e se familiarizem com ela.

Determina a Lei de Introdução ao Código Civil, como regra geral, em seu art. 1º, que a lei começa a vigorar 45 dias após sua publicação oficial, salvo estipulação em contrário, como se lê:

> "Salvo estipulação contrária, a lei começa a vigorar em todo o País 45 (quarenta e cinco) dias depois de oficialmente publicada."

Assim, se a lei estabelece uma data para sua entrada em vigor, a partir daí passará a vigorar; caso contrário, se não houver estipulação de data para início da sua vigência, seguir-se-á o disposto no art. 1º da Lei de Introdução, observando-se o prazo de *vacatio legis* de 45 dias após a publicação oficial.

Logo, no caso do Decreto nº 57.663, de 24 de janeiro de 1966, que foi publicado em 31 de janeiro de 1966, sem trazer em seu texto qualquer estipulação sobre o início de sua vigência, deve ser entendido que seu início seria a partir de 17.3.1966, ou seja, 45 dias após sua publicação oficial.

Todavia, destaca-se que o referido Decreto foi republicado para corrigir duas incorreções vernáculas[125] inseridas na primeira publicação, o que poderia fazer surgir alguma dúvida quanto ao efetivo início da vigência da Lei.

---

[123] ESPÍNOLA, Eduardo e ESPÍNOLA FILHO, Eduardo. Op. cit., p. 52.

[124] Id., ibid., p. 35.

[125] SAMPAIO, Pedro. Op. cit., p. 16.

Pela análise do § 3º do art.1º da Lei de Introdução ao Código Civil, havendo correção do texto, começam a correr os prazos novamente, conforme se lê:

"Se, antes de entrar em vigor, ocorrer nova publicação de seu texto, destinada a correção, o prazo deste artigo e dos parágrafos anteriores começará a correr da nova publicação."

Algumas considerações a respeito são necessárias. Ao se examinar o texto legal, verifica-se que há um cuidado do legislador em evitar que uma publicação errada comprometa a integridade da lei, acarretando um prejuízo na compreensão das regras publicadas, devendo, neste caso, não prevalecer a primeira publicação (errônea) e, sim, seguir a nova publicação, agora, do texto correto.[126] É plausível afirmar que se há erro de tal gravidade que influa na natureza do dispositivo, trazendo alteração fundamental, esta lei deverá ser republicada de modo a reproduzir o texto reformulado, visando à correção do erro, resguardando sempre o direito adquirido.

Por outro lado, é possível admitir que, se o erro não diz respeito à parte da natureza fundamental da lei, mas somente refere-se a simples erros tipográficos, de fácil percepção ou erros que não sejam obstáculos a refletir o conteúdo dos dispositivos legais, tais erros ou falhas não devem impedir que o prazo da *vacatio legis* corra da publicação errada.[127] Frise-se que não haverá prejuízo em não reabrir o prazo de espera legal, pois a simples leitura do texto publicado, com erro do vernáculo, não impedirá a total compreensão do conteúdo da lei.[128] Seria formalismo extremo reiniciar o cômputo do período da *vacatio legis*. É de se entender suficiente, ante a

---

[126] DINIZ, Maria Helena. *Lei de Introdução ao Código Civil Brasileiro Interpretada*. São Paulo: Saraiva, 1996, p. 58.

[127] SAMPAIO, Pedro. Op. cit., p. 17.

[128] Diferente seria o caso se da leitura da lei depreende-se a previsão de um direito fundado em texto errado, com erro grosseiro, não se poderia entender de boa-fé o requerente. Neste sentido: LACERDA, Paulo. Da lei em geral, sua retroatividade, revogação e interpretação. *Manual do Código Civil Brasileiro*. 2.ed. V.1, 1929, p. 74.

50                      *Luciane Favaretto Timmers*

omissão da Lei de Introdução ao Código Civil, que "a obrigatoriedade imediata da lei começa na data em que foi, pela primeira vez, publicada integralmente no Diário Oficial"[129] e, havendo apenas erro no uso do vernáculo, que não altere a natureza do conteúdo, o período de vacância da lei se inicia da primeira publicação, desde que a reprodução do texto corrigido ocorra dentro do período de espera.[130] Neste sentido, já houve, até mesmo, análise pelo próprio Supremo Tribunal Federal.[131]

Baseando-se nessa interpretação, pode-se dizer que o início da eficácia interna da Lei Uniforme, como lei dentro do sistema jurídico brasileiro, deu-se a partir de 17/3/1966, ou seja, 45 dias após sua primeira publicação.

Apesar das inúmeras manifestações e posicionamentos, na época, existente, pela negativa da vigência da Lei Uniforme, não resta, hoje, mais qualquer dúvida quanto à efetiva vigência do Estatuto Uniforme no Brasil. As primeiras manifestações dos Tribunais reconhecendo a vigência da Lei Uniforme e de suas reservas foram essenciais para acabar com a controvérsia sobre a questão da vigência ou não da Lei.

É pertinente destacar, dentre os entendimentos oriundo das decisões, o caso do Recurso Extraordinário nº 58.713 proveniente no Rio Grande do Sul, que teve como Relator o Min. Hermes Lima, no qual resultou a seguinte ementa:[132]

"Ação executiva. O art. 30 da Lei Uniforme não contraria a Lei nº 2.044, de 31/12/1908. aplicação

---

[129] ESPÍNOLA, Eduardo e ESPÍNOLA FILHO, Eduardo. Op. cit., p. 50.

[130] DINIZ, Maria Helena. Op. cit., p. 59.

[131] No Recurso Extraordinário nº 2.415, referente à Lei de Falência (Dec. nº 5.746, de 9 de dezembro de 1929), por decisão unânime, de 7 de junho de 1935, cujo relator foi Carvalho Mourão, analisando-se que publicada pela primeira vez a lei no Diário Oficial, de 11 de dezembro, e tendo sido reproduzida, por ter saído com incorreções, no dia 26 de janeiro de 1930, não estando, portanto, em vigor, no Paraná, a 11 de janeiro decidiu-se que deveria se considerar a data em que foi feita a primeira publicação, em tudo quanto não foi posteriormente modificado, retificado ou corrigido na 2ª publicação, entendendo os julgamentos do STF invocados. Ver *Arquivo Judiciário*, vol. 37, 1936, p. 217.

[132] *Revista Trimestral de Jurisprudência* nº 39, p. 450.

do art. 15 da mesma lei. Recurso reconhecido mas desprovido."

Pela leitura da ementa, e mais precisamente do voto em si, constata-se que houve a pretensão de estabelecer uma conciliação entre a Lei Brasileira e a Lei Uniforme, sem, contudo, resolver definitivamente o conflito existente. Não houve posicionamento fechado no sentido de explicitar a total vigência da Lei Uniforme em flagrante prejuízo da Lei brasileira.

Outras decisões seguiram no mesmo sentido de reconhecer a eficácia interna da Lei Uniforme desde que aprovada pelos Poderes competentes, como é o caso do Conflito de Jurisdição nº 4.663, cuja ementa apresenta:

"Conflito de Jurisdição – ação executiva cambial – Competência. Continua da Justiça estadual a competência para a ação executiva cambial, após a promulgação da Convenção de Genebra, para adoção de Lei Uniforme sobre Letra de Câmbio e Nota Promissória. – Inaplicação do art. 119, inc. III, da Constituição."

A ementa não apresenta toda a problemática, contudo uma análise do voto do Min. Eloy da Rocha,[133] que cita Lélio Candiota de Campos, verifica-se que é no sentido de que o tratado federal ou a convenção podem ser invocados por qualquer cidadão ao Supremo Tribunal Federal, desde que recebida pela ordem jurídica interna, e obrigará a todos.

Portanto, tal decisão corrobora o entendimento de que a data da adesão, ou melhor, os noventa dias após a manifestação de adesão à Convenção, não são suficientes para empregar eficácia interna à referida Convenção, como lei nacional, sempre dependente de reconhecimento dos poderes competentes para real eficácia.

Posteriormente, outra decisão, também, do Supremo Tribunal Federal confirma a entrada em vigor da Lei

---

[133] *Revista Trimestral de Jurisprudência* n.48, Brasília, 1969, p. 76.

Uniforme a contar da promulgação do Decreto nº 57.663/66, que teve como relator o Min. Bilac Pinto, Recurso Extraordinário nº 70.356,[134] que resultou na seguinte ementa:

"Nota Promissória. As Convenções de Genebra entraram em vigor no direito pátrio com o Decreto 57.663/66 que as promulgou."

No mesmo sentido foi o julgado que reconheceu a vigência da Lei Uniforme, regularmente promulgada, Recurso Extraordinário nº 71.154, cujo relator foi o Min. Oswaldo Trigueiro,[135] decidindo a matéria definitivamente.

Pelo que se conclui que a melhor interpretação que restou defendida foi que, efetivamente, a partir dos 90 dias após a publicação do Decreto nº 57.663/66, é que, em território nacional, começaram a surtir os efeitos da Lei Uniforme sobre letras de câmbio e notas promissórias, que foi adotada com a observância das reservas referidas na alínea 1ª do Decreto Introdutório.

Verificada a incorporação da Convenção ao direito nacional, merece análise, ainda que breve, a questão das reservas adotadas pelo Brasil, no sentido de se verificar quais as que realmente foram acolhidas pelo legislador brasileiro, e consectária análise da vigência ou não da lei cambial brasileira,[136] como segue proposto no presente trabalho.

### 2.2. As reservas adotadas e a situação da Lei Brasileira

Quando da ratificação por meio da nota de adesão à Convenção de Genebra, o Brasil se obrigou a adotar

---

[134] Id., ibid., p. 70.

[135] MERCADO JUNIOR, Antônio. Op. cit., p. 3.

[136] A lei cambial brasileira é o Decreto nº 2.044/08, aqui denominado simplesmente de Lei Brasileira ou Decreto Brasileiro.

em seu território nacional a Lei Uniforme, que está contida no Anexo I da Convenção de Genebra sobre Letras de Câmbio e Notas Promissórias, com exclusão dos artigos objeto das reservas previstas no Anexo II da mesma Convenção, destacando que a Lei Uniforme de Genebra visava a estabelecer normas básicas, conservando os princípios norteadores dos títulos cambiais para que, uniformizando-as, pudesse evitar conflitos nas relações de direito dos títulos decorrentes.

A primeira medida é saber quais as reservas que foram adotadas pelo Brasil, e aí já se encontra um obstáculo que merece, ainda que rápida, uma interpretação, pois diz o Decreto que deu vigência à lei:

"1ª) Convenção para adoção de uma Lei Uniforme sobre letras de câmbio e notas promissórias, anexos e protocolo, com reservas aos art. 2º, 3º, 5º, 6º, 7º, 9º, 10, 13, 15, 16, 17, 19 e 20 do Anexo II;"

Verifica-se a ambigüidade[137] da redação do texto legal, pois não fica claro se a intenção do legislador foi de excluir as reservas correspondentes aos artigos citados, ou se pretendeu adotar as citadas e recusar vigência às reservas não compreendidas nos artigos não citados do mesmo Anexo.[138]

Se feita interpretação meramente literal do texto legal, não será outro entendimento se não que foram rechaçadas as reservas estabelecidas nos artigos mencionados no Decreto brasileiro, pois a expressão usada *"com reserva aos artigos"* não tem outro significado que não *"com ressalva, com exclusão dos artigos"*, vindo a representar um verdadeiro afastamento da leitura dos artigos apontados. Numa leitura descuidada, poderia levar o intérprete a concluir que *"com reserva aos artigos"* significa que não seriam utilizados, justamente, esses

---

[137] Sobre a ambigüidade da redação do texto Restife Neto faz boas considerações tendo em vista que há semelhança do equívoco na linguagem da mesma forma que ocorreu na Convenção do Cheque. RESTIFE NETO, Paulo. *A Lei do Cheque – Anotações à Lei Uniforme.* Op. cit., p. 19.

[138] SAMPAIO, Pedro. Op. cit., p. 28.

artigos indicados, que ficariam de lado. É inegável a imperfeita redação do texto do Decreto para a correta compreensão do sentido pretendido pelo legislador. Constata-se que não basta apenas a interpretação literal. É necessário maior análise do conjunto no seu todo, dentro do sistema, até porque a chamada "interpretação literal é, apenas, uma das fases (a primeira, cronologicamente) de toda interpretação jurídico-sistemática".[139]

Seguindo na leitura do referido Decreto, lê-se, na alínea 7ª:

> "Decreta que as mesmas, apenas por cópia ao presente Decreto, sejam executadas e cumpridas tão inteiramente como nelas se contêm, observadas as reservas feitas à Convenção relativa à Lei Uniforme sobre letras de câmbio e notas promissórias."

Mais uma vez o texto não demonstra claramente a intenção do legislador, pois limita-se a informar que deverão ser *observadas as reservas feitas à Convenção*, o que pode levar ao mesmo questionamento apontado anteriormente, ou seja, se as reservas a serem observadas são as dos artigos mencionados ou se os artigos citados são reservados, quando, então, seriam utilizados os mencionados (reservados), eis que não se sabe quais são, efetivamente, as reservas a serem observadas.

Igual situação é apresentada pela Lei Uniforme do Cheque,[140] o Decreto nº 57.595/66, em que se verifica que a referida lei tem dispositivos semelhantes aos

---

[139] FREITAS, Juarez. *A interpretação sistemática do Direito*. São Paulo: Malheiros, 1995, p. 53.

[140] O Decreto nº 57.595/66, de 7 de janeiro de 1966, estabelece que: "O Presidente da República: Havendo o Governo Brasileiro, por nota da Legação em Berna, datada de 26 de agosto de 1942, ao secretário-geral da Liga das Nações aderido às seguintes Convenções assinadas em Genebra, a 19 de março de 1931: 1º) "Convenção para adoção de uma Lei Uniforme sobre cheques, Anexos e Protocolo com reserva aos arts. 2º, 3º, 4º, 5º, 6º, 7º, 8º, 9º, 10, 11, 12, 14, 15, 16, 17, 18, 19, 20, 21, 23, 25, 26, 29, 30 do anexo II"; e mais adiante continua: "Decreta que as mesmas, apensas por cópia ao presente Decreto, sejam executadas e cumpridas tão inteiramente como nelas se contém, observadas as reservas à Convenção relativa à Lei Uniforme sobre cheques".

estabelecidos no Decreto n° 57.663/66, quanto às reservas a serem observadas, trazendo, assim, as mesmas imperfeições do Decreto em estudo. Em análise sobre a lei do cheque,[141] concluiu-se que, quando o Decreto menciona *"(...)com reserva aos artigos (...)"*, deve ser lido como *"(...) com reserva dos artigos(...)"*. Levando em conta que os dois Decretos guardam simetria de raciocínio, é possível aplicar aqui o mesmo entendimento para fins de interpretação.

Uma outra análise, envolvendo todo o complexo legal-cambiário, levaria necessariamente à conclusão pela total impossibilidade de adoção, no Brasil, das reservas não mencionadas no Decreto, pois todos os artigos que não constaram do Decreto tratam de matéria conflitante com os princípios estabelecidos pela tradição cambiária brasileira. É mais plausível que se analise a intenção do legislador, levando em conta toda sistemática tradicional brasileira. De acordo com esta forma de pensar, chega-se à conclusão de que os artigos citados pelo Decreto representam reservas que são adotadas pelo Brasil.

Se analisado de forma diversa do pensamento acima exposto, entendendo que a Lei Uniforme foi adotada com reserva aos artigos declarados no Decreto 57.663/66, no sentido de que teriam sido adotadas as reservas dos artigos não mencionados, ter-se-ia a adoção de uma sistemática estranha, com institutos cambiários contrários aos conhecidos pelo sistema brasileiro.

Apenas para argumentar, cita-se, como exemplo desta linha de pensamento oposto ao deste trabalho, e que não deve vingar, que o Decreto menciona reserva aos artigos 2°, 3° e 5°, dentre outros, do Anexo II, não fazendo qualquer referência à reserva do artigo 4° do mesmo Anexo. Por este raciocínio (diz-se equivocado de acordo com a linha do presente trabalho), entender-se-ia que a reserva prevista seria para a não-adoção dos

---

[141] RESTIFE NETO, Paulo. Op. cit., p. 19.

artigos 2º, 3º e 5º (citados pelo Decreto) e, sim, para a inclusão da leitura do artigo 4º.

Verificando o que dispõe a reserva do Anexo II, estabelecida pelo referido artigo 4º, tem-se:

"Por derrogação da alínea primeira do art. 31 da Lei Uniforme, qualquer das Altas Partes Contratantes tem a faculdade de admitir a possibilidade de ser dado um aval no seu território por ato separado em que se indique o lugar onde foi feito."

A citada reserva refere-se à figura do aval[142] e incide diretamente sobre o disposto no art. 31 da Lei Uniforme de Genebra,[143] que estabelece:

"O aval é escrito na própria letra ou numa folha anexa.

Exprime-se pelas palavras 'bom para aval' ou qualquer outra fórmula equivalente; e assinado pelo dador do aval.

O aval considera-se como resultante da simples assinatura do dador do aval aposta na face anterior da letra, salvo se se tratar das assinaturas do sacado, ou do sacador. O aval deve indicar por quem se dá. Na falta de indicação, entender-se-á pelo sacador."

Constata-se o absurdo que seria se adotada esta reserva no Brasil,[144] pois a incidência da reserva sobre o

---

[142] Declaração cambiária unilateral, assumindo a obrigação autônoma de garantir o pagamento. "El aval es una garantía cambiaria; garante el pago de una letra de cambio". SATANOWSKY, Marcos. *Tratado de Derecho Comercial* 2. Buenos Aires: Editorial Argentina, 1957, p. 449.

[143] A vigência deste artigo é afirmada por FRANCO DA ROSA JR. Op. cit., p. 272.

[144] A adoção da reserva não é pertinente para o Brasil mas nada obsta que outros Estados convenentes a adotem. Disse Pontes de Miranda ao analisar o aval na letra de câmbio: "O primeiro pressuposto é o de estar no título" e mais adiante informa: "Qualquer declaração, por mais explícita que seja, de constituir aval, se fora do título ou do pedaço que se lhe juntou, pode valer como garantia, se o direito comum lhe atribui existência e eficácia, porém não como aval. É o que estatui o direito brasileiro, bem como, agora o direito uniforme..." PONTES DE MIRANDA. *Tratado de Direito Cambiário*. Op. cit., p. 362.

artigo na Lei Uniforme teria o condão de eliminar a primeira parte do artigo 31, que expressa *"o aval é escrito na própria letra"*. Ter-se-ia de acolher a possibilidade da validade do aval em separado do título.[145] Figura jamais cogitada na sistemática brasileira.[146] Desta forma, estaria contra toda uma tradição do Direito Cambiário nacional.[147]

Lembrando, brevemente, o que dispõe o Decreto nº 2.044/08, em seu Capítulo IV, tem-se:

"Art. 14. O pagamento de uma letra de câmbio, independe do aceite e do endosso, pode ser garantido por aval. Para validade do aval, é suficiente a simples assinatura de próprio punho do avalista ou do mandatário com poderes especiais."

Não há qualquer menção à possibilidade de o aval ser prestado fora do título. Deve ser no próprio título, até mesmo, para verificar em favor de quem estará sendo prestado.[148]

Se não bastasse a simples análise do texto legal anterior, teríamos ainda o recurso da análise dos princípios que regem os títulos de crédito, tais como o da literalidade,[149] que nada mais é que a representação da obrigação cambial transcrita no próprio título, ou seja, a literalidade dá valor ao escrito na letra. O título vale por si só, pelo que nele contém;[150] assim, as obrigações só são assumidas no próprio título e só podem ser exigidas em virtude do mesmo, mediante sua apresentação. Pela

---

[145] Todos os autores são unânimes em afirmar que o aval é prestado no próprio título.

[146] Pontes afirma: "o aval tem que ser na letra (...) não há aval em separado". Op. cit., p. 368.

[147] No mesmo sentido, FARIA, Werter. *Cheque...* Op. cit., p. 130/131.

[148] FRANCO DA ROSA JR. Op. cit., p. 279.

[149] Sobre a literalidade, ver Tulio Ascarelli, que traz excelente contribuição fazendo um comentário sobre o entendimento de Messino que confunde literalidade com legitimação. ASCARELLI, Tulio. *Teoria Geral dos Títulos de Crédito*. São Paulo: Red. Livros, 2000, p. 64, nota 81.

[150] "O direito mencionado no título de crédito se tem como literal mercê de sua compreensão segundo o exato teor de seu contexto." FERREIRA, Waldemar. Op. cit., p. 90.

literalidade, o que não estiver escrito é inexistente e inexigível. Por outro lado, tudo o que estiver transcrito no título poderá ser exigido,[151] literalmente. Logo, na sistemática cambiária brasileira não é admissível a possibilidade de alguém assumir uma obrigação, referente a uma letra de câmbio, sem tê-la assinado. A obrigação vai constar do título, não sendo válida e exigível qualquer obrigação fora dele, resultando inaceitável o aval em separado ou fora da letra de câmbio.

Então, pela breve análise deste artigo 4º do Anexo II, e confrontando-o com a tradição legal do Brasil em matéria cambial, e, mais, pela adoção do princípio da literalidade como pilar dos títulos de crédito, pode-se concluir que a reserva, prevista no referido artigo do Anexo II, não poderia ter sido adotada pelo legislador brasileiro,[152] pelo que resta a seguinte interpretação: que os artigos mencionados no Decreto, efetivamente, foram adotados como reservas pelo Brasil, como resultado de uma interpretação de todo o sistema cambial no qual está inserida a norma.

Com base em todo o exposto e pela leitura interpretativa do decreto introdutório, pode-se dizer que o legislador quis adotar as reservas estabelecidas nos artigos 2º, 3º, 5º, 6º, 7º, 9º, 10, 13, 15, 16, 17, 19 e 20 do Anexo II da Convenção de Genebra, ficando excluídas as reservas não adotadas, ou seja, as dispostas nos artigos não mencionados no Decreto.

É de lembrar que a Convenção foi aprovada com 23 reservas, estabelecidas no Anexo II, tendo sido adotadas, pelo Brasil, apenas as 13 reservas acima apontadas, conforme explicitado na alínea 1ª do Decreto nº 57.663/66.

Diante da constatação de quais as reservas efetivamente adotadas pelo Brasil, cabe uma breve análise

---

[151] "o devedor não é obrigado a mais, nem o credor pode ter outros direitos senão aqueles declarados no título". CARVALHO DE MENDONÇA, J. X. Op. cit., p. 47.
[152] Para ler mais sobre aval separado, SILVA PINTO, Paulo da. Op. cit., p. 354-365.

geral dos tipos e efeitos dessas reservas, pois a adoção de determinada reserva traz algumas conseqüências ou efeitos, o que possibilitou posicionamentos distintos a respeito da matéria, da natureza dessas reservas adotadas, destacando-se três que são a seguir apresentadas.

O primeiro posicionamento é de Fábio Konder Comparato,[153] assentado no pensamento de Adolfo Maresca, entende que as reservas apresentadas no Anexo II tem intenção derrogatória[154] dos correlatos artigos do Anexo I, cabendo a cada um dos países aderentes exercer a faculdade prevista na reserva adotada, por meio da elaboração de lei interna disciplinando a matéria. E assim, defende que se não tiver o legislador pátrio usado de tal faculdade, deve-se entender que todos os dispositivos da Lei Uniforme estariam em vigor.

Outra posição é a adotada por Antônio Mercado Júnior,[155] que se manifesta no sentido de que:

"A matéria objeto dessas reservas, ou já está regulada em nossas leis, ou não está. No primeiro caso, as normas vigentes subsistirão, como disposições extravagantes, não derrogadas pela Lei Uniforme, em virtude mesmo das reservas. No segundo caso, a eventual lacuna de nosso direito, subsistirá enquanto não editadas normas que a supram."

Nesta linha de pensamento, restou concluído que, havendo norma do Anexo I, alcançada pela reserva do Anexo II, e estando a matéria já disciplinada na Lei Brasileira, ter-se-á uma reserva derrogatória do texto uniforme, que também é chamada de reserva de reenvio.[156] No caso de a matéria, da norma do Anexo I, que é

---

[153] COMPARATO, Fábio Konder. In *Revista de Direito Mercantil* n° 7, ano XI, Nova série, 1972, p. 66.

[154] Pedro Sampaio apresenta uma classificação das reservas dividindo-as em: derrogatórias, modificadoras, limitativas e interpretativas, conforme o escopo seja excluir, alterar parcialmente, impor limites, ou atribuir exegese especial a uma ou mais interpretações do Tratado. SAMPAIO, Pedro. Op. cit., p. 33.

[155] MERCADO JÚNIOR, Antônio. Op. cit., p. 78.

[156] Luiz Emygdio esclarece: "Alguns dispositivos do Anexo II da LUG não consubstanciam, em verdade, reservas, mas hipóteses de *reenvio*, porque a

alcançada pela reserva do Anexo II, não estar regulada pela legislação nacional, a reserva não será do tipo derrogatória, ou seja, não derrogará a lei uniforme, que prevalecerá, devendo ser aplicada.

O terceiro entendimento tem apoio de Werter Faria e da jurisprudência pertinente.[157] O sentido da orientação é de que o legislador não visou à adoção integral do Anexo I; conseqüentemente, não substituiu totalmente o decreto cambial brasileiro; assim, as reservas apresentadas no Anexo II, não têm apenas o cunho derrogatório da Lei Uniforme, mas também de reenvio, para as quais não há necessidade de manifestação legislativa, visto que a matéria reservada já esta disciplinada no decreto brasileiro; e, por fim, quanto à matéria reservada estranha às normas brasileiras, que está abrangida pela faculdade criada pela reserva, fica na dependência de provimento legal pertinente; enquanto isso, perde a eficácia.[158]

É de esclarecer que apenas a análise de cada reserva tornará possível a compreensão do tipo de reserva estabelecido, ou seja, se de natureza derrogatória total ou parcial da Lei Uniforme ou de natureza complementar, ou ainda, se se trata de reserva direta ou indireta.[159]

Frente a esses esclarecimentos quanto à adoção das reservas efetivamente acolhidas pelo Brasil, faz-se necessário verificar como restou a situação da Lei Brasileira - o Decreto nº 2.044, de 31 de dezembro de 1908. A análise que segue busca verificar se o referido Decreto restou revogado ou não com a adoção da Lei Uniforme e das reservas acolhidas pelo Brasil.

---

reserva pressupõe sempre a derrogação de norma da lei uniforme, mediante a sua substituição por norma de lei nacional". FRANCO DA ROSA JR, Luiz Emygdio. Op. cit.

[157] Ver SAMPAIO, Pedro. Op. cit., p. 36.

[158] Ver FARIA, Werter. *Revista de Direito Mercantil*, nº 8, p. 22/23.

[159] A análise dos efeitos e tipos ver no subitem deste trabalho quando trata da questão das reservas apresentadas pela Convenção denominado "A entrada em vigor da Convenção e a questão das reservas" pelo que não serão novamente apresentadas aqui, assim remete-se o leitor para aquele item.

Para a perfeita compreensão, é de ressaltar que, a partir de 1908, os artigos 354 a 427 do Título XVI do Código Comercial Brasileiro de 1850, que tratava das letras, notas promissórias e créditos mercantis, foram revogados, expressamente, pelo Decreto nº 2.044, de 31 de dezembro de 1908, passando a existir, no Brasil, uma Lei Cambial sobre letras de câmbio e notas promissórias e operações cambiais, em substituição aos dispositivos até então existentes.[160]

Com o advento do Decreto 57.663/66, inserindo no Direito interno a Convenção para a adoção de uma Lei Uniforme sobre letras de câmbio e notas promissórias, questionou-se muito sobre a vigência da Lei Brasileira, o Decreto nº 2.044/08. Se teria sido ela revogada no todo ou em parte, ou se permanecia em vigor, porque uma lei pode cessar de existir por disposição de outra de igual hierarquia.[161]

É de fundamental importância a análise desse ponto referente à vigência da Lei Cambial brasileira, para perfeita interpretação e utilização prática do Estatuto Cambial; portanto, faz-se necessário rever, ainda que brevemente, o limite da vigência do referido Decreto diante do ordenamento jurídico.

O Decreto nº 2.044, de 31 de dezembro de 1908, como toda e qualquer lei, foi criado para vigência indeterminada, e não por tempo certo, para suprir necessidades excepcionais temporárias. Assim, sua existência vai até que outra lei posterior a modifique ou a

---

[160] Pontes de Miranda explica que com a derrogação do Código Comercial pela Lei Brasileira, Dec. nº 2.044/08 foram revogados todos os dispositivos do Título XVI, mas "ficaram em vigor as normas gerais do Código Comercial e de outras leis sobre atos e fatos jurídicos comerciais". PONTES DE MIRANDA. *Tratado de Direito Cambiário*. Op. cit., p. 94.

[161] Os tratados e convenções internacionais incorporados ao direito interno situam-se no mesmo plano de validade, eficácia e autoridade em que se posicionam as leis ordinárias, havendo paridade normativa. "No direito brasileiro os atos internacionais não têm primazia hierárquica sobre as normas de direito interno. A eventual prevalência dos tratados e convenções internacionais sobre as normas infraconstitucionais só ocorre nos casos de antinomias com o ordenamento jurídico interno para a solução do conflito pelo critério cronológico ou especialidade". ADIn nº 1.480/DF.

revogue, conforme determina a Lei de Introdução ao Código Civil, em seu art. 2º, *caput*:

> "Não se destinando à vigência temporária, a lei terá vigor até que outra a modifique ou revogue."

O Decreto nº 2.044/08 teria, de acordo com a supracitada norma introdutória, sua vigência permanente até o advento de uma outra lei modificadora ou revogadora dos seus dispositivos, uma vez que não se destinava à vigência temporária.

A revogação[162] pode ocorrer por determinação expressa da nova lei, ou de forma tácita, como também dispõe o § 1º do art. 2º da Lei de Introdução:

> "A lei posterior revoga a anterior quando expressamente o declare, quando seja com ela incompatível ou quando regule inteiramente a matéria de que tratava a lei anterior."

Entende-se por revogação expressa aquela que no texto da própria lei fica destacado que ela extingue, em algumas vezes, a vigência de determinados dispositivos, de forma taxativa ou singular, e noutras vezes, de forma geral e compreensiva, todas as disposições contrárias, sem identificá-las. É mais usual a última forma, quando a lei nova se restringe a determinar que estão abolidas todas as demais normas em sentido contrário. Se pensarmos nesta forma de revogação (expressa), podemos chegar à conclusão de que ela é dispensável; pois, mesmo que a nova lei não mencione que está revogando os dispositivos contrários, automaticamente eles perderão sua eficácia.[163]

A revogação expressa não deixa margem para dúvida em relação ao que, efetivamente, perdeu vigência, pois fica claramente identificada a lei ou conteúdo que

---

[162] "é tornar sem efeito uma norma, retirando sua obrigatoriedade. (...) é termo genérico que indica a idéia da cessação da existência da norma obrigatória." DINIZ, Maria Helena. Op. cit., p. 64.

[163] DE RUGGIERO. *Instituzioni di diritto civile.* Milano: Editrice Giuseppe Principato. v.1, § 19, 7.ed., 1934.

foi revogado.[164] O mesmo não se pode dizer em relação à revogação tácita, também chamada indireta.[165] A revogação tácita ocorre quando a lei nova regula determinada matéria de forma a tornar as normas anteriores totalmente incompatíveis com a atual, acarretando a revogação das disposições contrárias sem exterminar com a lei em seu todo, *"mesmo que nela não conste a expressão 'revogam-se todas as disposições em contrário', por ser supérflua"*.[166] Apenas a parte incompatível é que será considerada revogada. A parte que não colidir com a nova disciplina legal permanecerá em vigor, ocorrendo, então, a chamada *derrogação,*[167] ou ainda, quando a lei nova regulamenta totalmente a matéria, que outrora era regulada pela lei anterior. Não restando campo de atuação para a lei precedente, ocorrerá a revogação total da lei anterior, fenômeno conhecido como *ab-rogação.*

Assim, se a lei nova é diretamente contrária ao espírito da antiga, deve-se entender que a ab-rogação se estende a todas as disposições desta, sem qualquer distinção. Todavia, em caso contrário, deve-se examinar, detalhadamente, quais as disposições da lei antiga que se mostram absolutamente incompatíveis com a

---

[164] Como exemplo de revogação expressa de lei anterior, pode-se citar o caso do Dec. nº 2.044/08 em relação ao Código Comercial Brasileiro, que em seu art. 57 dispôs: "Ficam revogados todos os artigos do Título XVI do Código Comercial e mais disposições em contrário". Assim, previa a revogação de todos os artigos do Título XVI, ocorrendo a *ab-rogação* dos dispositivos que tratavam sobre a matéria, que passou a ser regulada pela lei nova. No referido artigo tem-se a revogação expressa de forma taxativa em relação aos artigos do Código Comercial e, de forma generalizada, em relação às demais normas sobre o assunto, quando refere "disposições em contrário". Não restou qualquer dúvida que todas as normas até então vigentes, relativas à matéria sobre letras de câmbio, notas promissórias e operações de créditos, foram revogadas, sendo totalmente disciplinada pelo Decreto Brasileiro.

[165] ESPÍNOLA, Eduardo e ESPÍNOLA FILHO, Eduardo. Op. cit., p. 35.

[166] DINIZ, Maria Helena. Op. cit., p. 65.

[167] Segundo Maria Helena "A revogação é o gênero que contém duas espécies: a) a ab-rogação, que é a supressão total da norma anterior, por ter a nova lei regulado inteiramente a matéria, ou por haver entre ambas incompatibilidade explícita ou implícita" Informando, a seguir que "b) a derrogação, que torna sem efeito uma parte da norma. A norma derrogada não perderá sua vigência, pois somente os dispositivos atingidos é que não mais terão obrigatoriedade.". Id., ibid., p. 64.

**64**                                      *Luciane Favaretto Timmers*

nova, para estas serem consideradas derrogadas, e havendo dúvida sobre a incompatibilidade, será o caso de interpretar as duas leis, de modo que se faça desaparecer a antinomia,[168] *"não sendo admissível uma ab-rogação por presunção".*[169] Quanto à outra situação, em que duas leis temporariamente diversas regulam a mesma matéria, é um pouquinho diferente, pois é possível, em se tratando de uma lei geral, que reste na lei precedente dispositivo com ela compatível, surgindo a dúvida da permanência ou não da vigência da lei anterior. Não sendo conflitante com a atual lei, não haveria porque não manter a sua vigência neste ponto específico.

A Lei de Introdução trouxe essas duas situações da revogação expressa e da revogação tácita. Assim, com base nos conceitos apresentados pela doutrina e pelo disposto em legislação, é possível analisar a situação do Decreto nº 2.044/08 – Lei Brasileira que precedeu a Lei Uniforme.

O referido Decreto entrou em vigor na data da sua publicação, em 31 de dezembro de 1908, e desde então regulou as letras de câmbio e notas promissórias, permanecendo sua vigência intacta e inabalável até o advento do Decreto nº 57.663/66 que fez introduzir no ordenamento jurídico brasileiro uma lei estrangeira, a Lei Uniforme sobre letras de câmbio e notas promissórias.

O Decreto Introdutório do Estatuto Uniforme não faz referência à revogação da lei anterior, do que se pode perfeitamente afirmar que não houve revogação expressa da lei anterior. Contudo, o referido Decreto determina que sejam executadas e cumpridas as disposições da Convenção, para adoção de uma Lei Uniforme sobre letras de câmbio e notas promissórias com a

---

[168] Entendendo-se antinomia como o conflito entre leis ou princípios. Sobre o tema antinomia ver excelente contribuição sobre o assunto: FREITAS, Juarez. Op. cit., p. 57 a 70.

[169] FIORE, Pasquale. Op. cit., p. 652-653.

Títulos de Crédito – *DESAFIOS INTERPRETATIVOS DA LEI UNIFORME DE GENEBRA NO BRASIL*

observância das reservas assinadas pelo Brasil, adotando, internamente, o texto original em francês da Lei Uniforme, traduzido para o português lusitano.[170]

O Brasil não editou uma lei[171] baseada na Convenção de Genebra, simplesmente, adotou o texto da Lei Uniforme, por meio do Decreto supracitado. Verifica-se que não havendo disposição determinando a revogação expressa da lei anterior,[172] deve-se analisar se houve a revogação tácita, ou pela incompatibilidade, ou pelo disciplinamento total da matéria.

Para afirmar que efetivamente a lei antiga é incompatível com a nova lei, deve-se fazer uma leitura bastante detalhada com o intuito de localizar os conflitos materiais. A Lei brasileira foi elaborada com base na Lei alemã e em meio a alguns movimentos em prol da unificação,[173] e a Lei Uniforme é resultado desses movimentos para unificação da legislação cambial, também já sob forte influência da doutrina alemã. Assim, não há uma total incongruência do espírito norteador de ambas, eis que os princípios gerais dos títulos de crédito são também levados em consideração no momento da elaboração das duas leis. Entretanto, a Lei Uniforme dá linhas mais gerais, de acordo com o pensamento predominante em Genebra, enquanto a Lei Brasileira foi moldada de acordo com entendimentos internos.[174] Desta forma, é evidente que há alguns dispositivos da Lei Brasileira que são contrários aos previstos na Lei Unifor-

---

[170] A doutrina aponta várias irregularidades na tradução. Ver FRANCO DA ROSA JR., Luiz Emygdio. Op. cit, p. 24/28; MARTINS, Fran. Op. cit., 1998, p. 59/68.

[171] Está pendente até hoje a legislação brasileira contemplando os ditames da Lei Uniforme de Genebra sobre letras de câmbio e notas promissórias e as correspondentes reservas adotadas, ao contrário do que ocorreu com o Cheque, que seguia a mesma forma de aplicação até o advento da Lei nº 7357/85, quando passou a disciplinar as regras da Lei Uniforme sobre cheques e suas reservas.

[172] Basta a leitura do Decreto Introdutório da legislação uniforme para verificar que não houve a revogação expressa.

[173] O Brasil participou dos estudos em prol da unificação.

[174] Ver SARAIVA. *A Cambial.* Op. cit., Rio de Janeiro, p. 69.

me, do mesmo modo que há outros dispositivos que são praticamente iguais ou muito semelhantes.

Então, há incompatibilidade de alguns *dispositivos*, o que geraria, de acordo com a doutrina e o próprio espírito da lei, uma revogação parcial, quer dizer, aqueles dispositivos, da Lei Brasileira, contrários ao disposto na Lei Uniforme perderiam sua vigência, com a entrada em vigor desta, justamente pela incompatibilidade; todavia, os demais dispositivos não contrários continuariam a viger.[175] Não há por que revogar toda a lei se não há disposição expressa obrigando sua ab-rogação, tampouco os outros dispositivos não contrariam a nova lei. Pode-se afirmar que, no caso, haveria uma derrogação de alguns dispositivos, evidentemente aqueles que não puderam ser aproveitados pela sua estrutura contrária à nova ordem. Do que é possível afirmar que, pelo fato de a lei nova trazer dispositivos contrários ao da lei antiga. Esta não foi totalmente revogada, devendo-se entender que apenas os dispositivos contrários é que foram derrogados.

Pela leitura de todos os artigos da Lei Uniforme e de todos os artigos da Lei Brasileira constata-se que a nova lei tentou regular a matéria em seu todo. Mas não foi totalmente feliz, eis que não conseguiu esgotar todos os pontos pertinentes. Há dispositivos, na dita Lei Brasileira, que não foram previstos pela Lei Uniforme e são relativos à matéria cambial.[176] Assim, não se pode concluir que a Lei Uniforme regulou toda a matéria referente às letras de câmbio e notas promissórias, o que poderia acarretar na revogação total da legislação anterior.

Poderia surgir a dúvida se estariam ainda em vigor os dispositivos da Lei Brasileira que não foram previstos na Lei Uniforme e não são contrários a ela. Não há por que não considerá-los em vigor.[177] Não houve a revoga-

---

[175] Em igual sentido, REQUIÃO. *Curso de Direito Comercial*. 20.ed. São Paulo: Saraiva 1995, p. 312.

[176] FRANCO DA ROSA JR. Op. cit., p. 22-24.

[177] FARIA, Werter. *Revista Forense*, p. 27.

ção, quer por expressa determinação da lei nova, quer por regulamentação total da matéria.

Para melhor compreensão da situação, cita-se um dispositivo para análise, a título exemplificativo, o caso do art. 36 do Decreto nº 2.044/08, que trata do procedimento para o caso da anulação da letra de câmbio, justificando a propriedade nas hipóteses de perda ou extravio do título.[178] Este artigo disciplina a forma de agir para evitar que o título circule e seja pago seu valor à pessoa errada, eis que o legítimo portador, que fará prova da sua condição, fará chamar todos os obrigados na letra, que tomarão conhecimento da situação e não efetuarão o pagamento, ou, em caso de perda, o detentor apresentará o título em questão.[179]

Não há dispositivo semelhante na Lei Uniforme, tampouco contrário ao seu conteúdo.[180] Como não houve a revogação expressa que eliminaria de plano a eficácia do referido Decreto, ele permanecerá em vigor. Se não colidir em seus dispositivos com a lei nova, não há razão lógica para negar vigência à antiga Lei Cambial. Neste aspecto, a nova lei é omissa, não trata do assunto, podendo ser aplicada a lei anterior sem qualquer prejuízo; até pelo contrário, é uma forma de suprir a falha do atual estatuto cambial. Assim, havendo a perda do título sob a vigência da Lei Uniforme que não refere o assunto, o socorro virá da lei antiga que bem detalhou o procedimento a ser adotado.[181] E, na falta de posterior regulamento, continua aquele em vigor.[182]

Salienta-se que, se posteriormente à Lei Uniforme surgisse uma lei disciplinando aquela situação, a antiga Lei Cambial perderia sua vigência, justamente quando

---

[178] Pontes afirma que a Lei Uniforme não legislou, ficando para competência dos Estados. PONTES DE MIRANDA. Op. cit., p. 597.
[179] Ver maiores detalhes em FRANCO DA ROSA JR. Op. cit., p. 461-469.
[180] REQUIÃO, Rubens. Op. cit., p. 374.
[181] PERRONE DE OLIVEIRA, Jorge Alcibíades. *Títulos de Crédito*. Porto Alegre: Livraria do Advogado, 1996, p. 143.
[182] No mesmo sentido explícito Luiz Emygdio Franco da Rosa Jr., que inclusive, faz uma relação dos dispositivos da Lei Brasileira, ainda, em vigor. Op. cit. , p. 22 e 23.

da sua publicação. Mesmo assim, verifica-se que não seria o advento da Lei Uniforme que retiraria a vigência do Artigo em questão e, sim, seria a lei regulamentadora daquela hipótese. Frisa-se que a Lei Uniforme não revogou o dispositivo sobre a anulação da letra, mas ele poderá ser utilizado até que outra lei o revogue. Esse entendimento é citado por Adroaldo Fabrício[183] quando comenta que o art. 907 do Código de Processo Civil, que trata da Ação de Anulação e substituição de títulos ao portador, não é aplicável às cambiais, ainda que ao portador, pois para elas existe *"legislação especial pertinente"*. Tal posicionamento é calcado, também, no disposto pelo art. 1.217 do mesmo diploma legal, que deixa clara a *"sobrevivência de 'processos' especiais regulados fora dele"*. Desta forma, a interpretação do Código de Processo Civil, em especial nos artigos mencionados, corrobora o presente estudo, no sentido de admitir a permanência da vigência da Lei Brasileira.

Pela análise supra, é possível afirmar que a Lei Brasileira mantém-se em vigor na parte não contraditória ou incompatível com a Lei Uniforme, principalmente naqueles dispositivos que não foram regulamentados posteriormente à edição do estatuto uniforme, podendo ser perfeitamente aplicável naqueles casos em que não há regra uniforme, ou também naqueles facultados por disposição da própria Lei Uniforme.

Verificada essa primeira questão da vigência da Convenção, pela análise do surgimento, entrada em vigor e das reservas, em nível internacional e, pelo estudo da incorporação da Lei Uniforme ao Direito Brasileiro, as reservas adotadas e a vigência parcial da lei cambial brasileira pode-se dizer que o primeiro desafio interpretativo resta superado. Contudo, remanesce a questão da aplicação da lei uniforme no Brasil, o que é tratado no próximo capítulo, pela análise dos

---

[183] FABRÍCIO, Adroaldo Furtado. *Comentários ao Código de Processo Civil.* v.VIII, Tomo III, Rio de Janeiro: Forense, 1980, p. 295.

problemas decorrentes da aplicação prática da Legislação Uniforme conjugada com a Lei Brasileira e o surgimento de lacunas.

**P a r t e II**

# O desafio remanescente: a aplicação efetiva da Lei Uniforme no Brasil

# 3. Considerações iniciais

A análise do problema do início da vigência da Convenção e da introdução da Lei Uniforme como lei interna foi fundamental para a partida do estudo das conseqüências decorrentes, como a efetiva aplicação da Lei Uniforme.

Esse estudo da vigência foi essencial, pois fixou as diretrizes para outros desafios a que se submete o intérprete da referida lei, sendo conseqüência da adoção da Lei Uniforme com algumas reservas e da situação a que ficou reduzida a Lei Brasileira.

O presente Capítulo abordará a aplicação de Lei Uniforme em dois itens: o primeiro tratará do problema decorrente da adoção dos sistemas de reservas para análise da aplicação conjugada da Lei Uniforme com a Lei Brasileira, no qual foram selecionadas duas reservas, que serão examinadas, em dois subitens, separadamente, eis que apresentam formas diferentes de conjugação dos dispositivos vigentes.

Num segundo momento, será analisada a questão da lacuna como resultado da conjugação das normas pertinentes. O referido exame será realizado em dois subitens, sendo que o primeiro examinará especificamente uma reserva adotada que tem situação diferenciada e, no segundo item, será estudado a constatação de lacunas que, por sua vez, também devem ser resolvidas pelo intérprete.

Salienta-se que neste estudo, a título ilustrativo, será apresentada uma forma de interpretar e tentar solucionar o problema, sem o intuito de fornecer elementos em caráter de definitividade.

# 4. Aplicação conjugada da Lei Uniforme com a Lei Brasileira

Se a Lei Brasileira mantém-se em vigor[184] na parte não regulamentada nem incompatível com a lei nova, a Lei Uniforme,[185] estando plenamente em vigor com a observância de suas reservas,[186] é lógico pensar que elas devem ser utilizadas em conjunto, em harmonia, a fim de solucionar os problemas relativos aos títulos cambiários. Informa-se que é de fundamental importância o conhecimento do mecanismo das reservas[187] de utilização da legislação correta para cada ponto específico. A análise da forma de aplicação da referida legislação também é um desafio ao intérprete da lei, pois não basta simplesmente aplicá-la. É mister saber reconhecer os problemas das lacunas criadas pelas normas.

Com a publicação do Decreto nº 57.663/66, a regulamentação prevista ficou assim dividida: a Convenção para adoção de uma lei uniforme sobre letras de câmbio

---

[184] "como não se operou revogação expressa desse decreto, por força do art. 2º, § 1º, da Lei de Introdução ao Código Civil, os dispositivos correspondentes à matéria não disciplinada pela lei uniforme continuam vigentes. COELHO, Fábio Ulhoa. *Curso de Direito Comercial*. São Paulo: Saraiva, 1998, V. 1, p. 383.

[185] Emygdio informa que "a LUG não revogou integralmente o Decreto nº 2.044/1908, continuam em vigor os seguintes dispositivos" assim segue apontando os dispositivos que entende em vigor. FRANCO DA ROSA, Luiz Emygdio. Ob. cit., p. 22.

[186] CAMPOS, Lélio Candiota. Op. cit., p. 8.

[187] Expressão utilizada por FETTER, Cláudio e WEIDMANN, Helmut. A Lei Uniforme de Genebra com a correspondente incidência de todas as reservas e a conseqüente aplicação da Lei Nacional relativamente a cada caso em concreto. *Revista Direito e Justiça*, da Faculdade de Direito da PUC/RS. Porto Alegre: Livraria Editora Acadêmica, V. 14, Ano XI, 1990, p. 111.

e notas promissórias; o Anexo, que retrata o texto integral da Lei Uniforme, apenas traduzido para o português; o Anexo II, que abrange as reservas estabelecidas na Convenção em que estão incluídas as reservas adotadas pelo Brasil; e o Protocolo, no qual as partes se obrigam a observar a Convenção e fazê-las valer internamente, com suas assinaturas.[188] Este último não será objeto de estudo no presente trabalho.[189]

O primeiro ponto a ser enfocado é a organização da leitura da Lei Uniforme como forma de visualização global da matéria, tendo em vista o acolhimento de 13 reservas, das 23 estabelecidas pela Convenção de Genebra.[190] Assim, é importante que o intérprete facilite sua aplicação, distinguindo quais as que foram adotadas[191] daquelas que não o foram, pois as reservas do Anexo II adotadas podem modificar ou excluir a aplicação do Anexo I.[192]

Para melhor compreensão e análise do texto legal, aprovado e inserido internamente no Brasil, e evitar confusão na hora de utilizar o texto legal, é interessante que o intérprete providencie uma leitura organizada. Só assim será possível identificar o que ainda vige. A primeira providência pode ser o isolamento da leitura dos artigos não mencionados no Decreto Introdutório, ou seja, aqueles do Anexo II que não foram adotados, quais sejam: os artigos 1º, 4º, 8º, 11, 12, 14, 18, 21, 22 e 23. Pode o intérprete, como solução prática, riscar estes artigos que não foram adotados,[193] evitando que, por

---

[188] Ver Código Comercial. 46.ed. Saraiva, 2001, p. 356.

[189] A análise a que se propõe o presente estudo diz respeito tão somente ao exame de alguns pontos do Anexo I e do anexo II, bem como, aos termos do texto do próprio decreto, o que já foi tratado na I Parte, item B, subitem *b*.

[190] COELHO, Fábio Ulhoa. Ob. cit., p. 382/383.

[191] Oscar Barreto aponta os dispositivos que foram adotados pelo Brasil e tece algumas considerações. BARRETO FILHO, Oscar. *Aspectos Atuais da Letra de Câmbio*. RDM 15/16, p. 20.

[192] Conforme exposto na I Parte, item B, subitem *b*, do presente trabalho.

[193] FÜHRER, Maximilianus Cláudio Américo. Como Aplicar as Leis Uniformes de Genebra. *Revista dos Tribunais*. v. 524. Notas e Comentários, junho 1979, p. 295.

algum descuido, possam ser erroneamente utilizados. Não foram adotados por não interessar ao Brasil,[194] não merecendo análise neste trabalho. Neste sentido de recordar, destaca-se que as reservas do Anexo II dos artigos não mencionados no Decreto introdutório da Lei Uniforme não foram adotadas por conterem disposições contrárias à sistemática e aos princípios incorporados ao ordenamento jurídico brasileiro.[195]

Isolados os dispositivos não adotados pelo Brasil, cabe ao intérprete efetuar a leitura apenas daqueles restantes, identificando o tema enfocado em cada reserva, para, posteriormente, localizar, na Lei Uniforme, o artigo correspondente que trata do assunto reservado.[196] Cabendo destacar que alguns artigos das Reservas já trazem o correspondente artigo da Anexo I a que se referem, sendo chamadas de reservas diretas,[197] contudo, outros a identificação necessariamente será pelo seu conteúdo, são as chamadas reservas indiretas.

Identificado o tema objeto da reserva, estará pronto o intérprete a iniciar a leitura do texto da Lei Uniforme propriamente dito, para registrar e confrontar ambas as leis. Não poderá esquecer, como medida prática, de fazer o registro do tema que foi objeto de reserva e anotar estas reservas adotadas ao lado dos artigos correspondentes da Lei Uniforme. Para tanto, deve o intérprete, durante a leitura da Lei Uniforme, registrar as reservas adotadas ao lado de cada artigo correlato, identificando o tema reservado.

A leitura final da Lei deverá ser feita de forma harmônica, pois o Anexo I deve ser conjugado com os

---

[194] As reservas que foram adotadas pelo Brasil estão apontadas na I Parte, item B, subitem *b*, do presente trabalho.

[195] FETTER e WEIDMANN. Op. cit., p. 112.

[196] "a dificuldade consiste em precisar o alcance das reservas e identificar as normas que regulam as matérias correspondentes." FARIA, Werter. *Revista Forense*. Op. cit., p. 26.

[197] Reservas ditas diretas ou indiretas mereceram exame na I Parte, item A, subitem *b*, quando estudada a entrada em vigor da Convenção e a questão das reservas, do presente trabalho.

artigos não riscados no Anexo II.[198] Só assim será possível ter uma visão correta do texto efetivamente incorporado ao ordenamento jurídico brasileiro, quer dizer, a Lei Uniforme sem os artigos excluídos pelo Anexo II, complementada pela legislação vigente.

O passo seguinte é, justamente, outro desafio, pois o estudioso deverá interpretar os casos em que há reserva do Anexo II ao disposto nos artigos do Anexo I, e encontrar a solução para o tema reservado, seja na legislação vigente antiga, Lei Brasileira – Decreto nº 2.044/08 –, seja em futura regulamentação,[199] ou ainda na própria Lei Uniforme, quer mediante seus dispositivos,[200] quer dos princípios norteadores da matéria.

Para melhor explanação do tema ou do procedimento a ser adotado, conjugando as reservas do Anexo II com o disposto no Anexo I, excluindo ou modificando-o, faz-se, em seqüência, no primeiro item: a aplicação conjugada da Lei Uniforme com a Lei Brasileira, a análise de duas reservas adotadas pelo Brasil, cada uma em um subitem, tendo cada qual uma solução própria, segundo entendimento do presente trabalho.

Assim, serão objeto desta modesta análise, no primeiro item, as reservas previstas nos Artigos 2º e 3º do Anexo II. A escolha destes dois artigos deu-se pelo fato de essas duas reservas terem criado situações distintas que, por sua vez, exigem solução também diversa para cada uma destas hipóteses.

Na primeira hipótese a ser apresentada, a reserva do artigo 2º do Anexo II, não há exclusão da utilização da Lei Uniforme, apenas possibilita-se a complementação do disposto pelo estatuto uniforme, pelo estabelecido na legislação nacional. Assim, é possível verificar a aplicação da Lei Uniforme com a incidência da reserva

---

[198] FÜHRER, Maximilianus Cláudio Américo. Op. cit, p. 295.

[199] Lélio Campos afirma que se a matéria será regulada por lei posterior "até que a lei nova venha a regulá-la" a matéria permanecerá lacunosa. CAMPOS, Lélio Candiota. Op. cit., p. 8.

[200] Neste sentido, FRANCO DA ROSA JR., Luiz Emygdio. Op. cit., p. 21.

para complementar a matéria com a aplicação da Lei Brasileira.[201] No caso da segunda reserva a ser analisada, ou seja, a prevista no artigo 3º do Anexo II, a situação é completamente diferente, pois visa, efetivamente, a eliminar a utilização da Lei Uniforme em determinado ponto, caso em que não será aplicada a Lei Uniforme, devendo-se recorrer ao disciplinamento nacional ainda vigente.[202] Entende-se que essa análise, mesmo que resumida, das hipóteses escolhidas, facilitará a compreensão para o neófito no assunto, do procedimento de outras reservas do Anexo II, que seguem a mesma sistemática destas reservas a serem estudadas, o que permitirá ter uma visão de como proceder para uma interpretação da Lei Uniforme.

### 4.1. Reserva do Artigo 2º do anexo II

Pela análise feita anteriormente, percebe-se que a Lei Uniforme, tal qual é reconhecida como Direito interno,[203] não regula completamente a matéria em virtude das diversas reservas formuladas à Convenção e adotadas pelo Brasil,[204] embora tenha substituído, na quase totalidade, as disposições anteriores, não se podendo afirmar, então, que houve uma revogação total do disciplinamento cambial anterior.

Busca-se, neste estudo, tentar clarear a forma de compatibilizar o uso da Lei Uniforme, tendo em vista as reservas adotadas, em especial, neste subitem, o artigo 2º do Anexo II, que foi adotado pelo Brasil, há possibilidade de ele, como país contratante, dispor de maneira a modificar a disposição da própria Lei Uniforme.

---

[201] Neste sentido, MARTINS, Fran. Op. cit., p. 46-48, e FETTER, Cláudio e WEIDMANN, Helmut. Op. cit.

[202] FARIA, Werter. *Revista Forense*. Op. cit., p. 28.

[203] "Não resta dúvida, portanto, de que a Lei Uniforme se integrou em nosso direito cambiário, dele passando a fazer parte como lei interna". REQUIÃO, Rubens. *Curso de Direito Comercial*. São Paulo: Saraiva. V. 2, 20 ed., 1995, p. 312.

[204] FRANCO DA ROSA JR, Luiz Emygdio. Op. cit., p. 22.

Reza o artigo 2º do Anexo II:

"Qualquer das Altas Partes Contratantes tem, pelo que respeita às obrigações contraídas em matéria de letras no seu território, a faculdade de determinar de que maneira pode ser suprida a falta de assinatura, desde que por uma declaração autêntica escrita na letra se possa constatar a vontade daquele que deveria ter assinado."

Essa faculdade pode ser aplicada a todos os artigos da Lei Uniforme que tratem da assinatura de obrigado no título, quer seja a assinatura do sacador, quer a do sacado aceitante, do endossante e a do avalista. Sempre terá a mesma situação: a necessidade da assinatura.[205]

A Lei Uniforme prescreve a necessidade da assinatura do sacador[206] como requisito essencial para a criação da obrigação cambial e sua validade, como dispõe o artigo 1º, nº 8:

"A letra contém:
(...)
8. a assinatura de quem passa a letra (sacador)."

Da mesma forma, quando se refere à obrigação do endossante[207] que deve ser assumida no título[208] pela assinatura, em seu artigo 13, que reza:

---

[205] Verifica-se a referida incidência do mesmo artigo 2º do Anexo II, que contém a reserva, em todos os dispositivos que tratam de assinatura no trabalho dos Professores da PUC/RS Fetter e Helmut. FETTER e WEIDMANN. Op. cit., p. 120, 125, 130 e 134.

[206] É aquele que cria o título, tornando-se um obrigado de regresso com sua assinatura, é aquele que dá ordem ao sacado para que pague ao tomador. FRANCO DA ROSA JR, Luiz Emygdio. Op. cit., p. 109.

[207] O endossante é aquele que transfere título, tornando-se, com sua assinatura, um obrigado de regresso. O endosso: "a) opera a transferência da propriedade da letra de câmbio; b) torna o endossante solidariamente responsável, com o aceitante e outros coobrigados, pelo aceite e pagamento". FERREIRA, Waldemar. Op. cit., p. 247.

[208] A necessidade da assinatura no próprio título é decorrência do Princípio da Literalidade. Neste sentido é a lição de Fábio Coelho quando explica: "o conceito de Vivante se refere ao princípio da literalidade, segundo o qual somente produzem efeitos jurídicos-cambiais os atos lançados no próprio título de crédito." COELHO. Fábio Ulhoa. Op. cit., p. 368.

"O endosso deve ser escrito na letra ou numa folha ligada a esta (anexo). Deve ser assinado pelo endossante.(...)"

O Estatuto Uniforme segue a mesma linha estabelecendo a necessidade da assinatura do aceitante[209] no próprio título[210] para tornar-se um obrigado, conforme determina o artigo 25:

"O aceite é escrito na própria letra. Exprime-se pela palavra 'aceite' ou qualquer outra palavra equivalente; o aceite é assinado pelo sacado (...) "

E finalmente, ao tratar do aval disciplina, também, no mesmo sentido, exigindo a assinatura do avalista para tornar-se um obrigado no título,[211] de acordo com o disposto no artigo 31, 2ª alínea:

"O aval é escrito na própria letra ou numa folha anexa. Exprime-se pelas palavras 'bom para aval' ou qualquer outra equivalente; e assinado pelo dador do aval (...)"

Assim, pela leitura dos artigos referidos percebe-se que a assinatura é um requisito estabelecido pela Lei Uniforme para o surgimento da obrigação cambial, assumida no título.[212]

Desta forma, o disposto na reserva prevista no artigo 2º do Anexo II, que se refere à assinatura, pode ser aplicado a todos esses artigos,[213] já que tratam de matéria conexa.

---

[209] O aceitante é aquele que faz "declaração cambiária facultativa, eventual e sucessiva, pela qual o sacado acata, e, reconhece a ordem de pagamento que lhe é dada pelo sacador, e, (...), confessa dever a quantia nela mencionada (...) prometendo pagá-la". FRANCO DA ROSA JR, Luiz Emygdio. Op. cit., p. 163.

[210] Luiz Emygdio afirma que "só existe para o mundo cambiário o que está expresso no título". Id., ibid, p. 56.

[211] A necessidade da assinatura do avalista no título e a vigência do art. 31 em razão da não-incidência da reserva nº 4 do Anexo II já foram apontadas na I Parte, no item B, subitem b.

[212] MARTINS, Fran. Op. cit., p. 9, nota 5.

[213] FETTER e WEIDMANN. Op. cit., p. 120, 125, 130 e 134.

A disposição antes transcrita (art. 2º, Anexo II), em uma leitura desatenta, pode dar margem à interpretação que conclua pela possibilidade de um título não conter a assinatura do obrigado, sendo que a assinatura poderia ser suprida por uma declaração autêntica, escrita na própria letra, pela qual se pudesse verificar a vontade daquele que deveria ter assinado o título.

Não é esse o sentido desejado, uma vez que a assinatura é requisito essencial e faz parte da natureza da obrigação, pois somente estará obrigado no título aquele que o assinar. "Os Estados que se reservaram à faculdade relativa ao suprimento da falta da assinatura não a fizeram dispensável".[214] A assinatura continua sendo elemento que integra o rigor cambiário, não podendo ser dispensável.[215]

É de se lembrar que a regra é a assinatura do obrigado, de próprio punho; todavia, se as pessoas não puderem assinar, podem fazê-lo por procurador a quem foram outorgados poderes especiais para o ato.[216] A reserva não cogita de título assinado por procurador munido de poderes específicos, mas da impossibilidade da assinatura pelo próprio obrigado, que se fará representar por outrem que, mediante declaração escrita, demonstrará a vontade do obrigado.[217] A referida reserva exige que, além de inscrita no título, a declaração seja suficiente, o quanto necessário, para atestar a vontade daquele que deveria ter assinado.[218]

Uma leitura mais minuciosa do texto original pode fazer compreender que a Convenção empregou o termo *assinatura*, fazendo referir, o sinal material que sirva para

---

[214] FARIA, Werter R. Reservas formuladas sobre a Lei Uniforme relativa às Letras de Câmbio e Notas Promissórias. *Revista Forense*, v. 249, Rio de Janeiro, 1975, p. 27.

[215] A falta de assinatura implica a ausência de requisito essencial. Não surge obrigação sem assinatura.

[216] WHITAKER, José Maria. Letra de Câmbio. 5.ed. São Paulo: Revista dos Tribunais. 1961, p. 77 e s.

[217] MARTINS, Fran. Op. cit., p. 93.

[218] SAMPAIO, Pedro. Op. cit., p. 40.

identificar aquele que o apôs.[219] Assim, este sinal gráfico é que pode ter a sua forma determinada pela lei ou uso de cada país.[220] As reservas estabelecidas na Convenção visam a excluir, modificar ou complementar os preceitos da Lei Uniforme; contudo, pela análise da reserva preceituada no artigo 2º do Anexo II, pode-se dizer que ela não excluiu o requisito da assinatura, somente possibilitou ao Brasil disciplinar sobre o suprimento da sua falta. Tampouco pretendeu a reserva ver excluída a aplicação da Lei Uniforme, o que, efetivamente, se verifica é que a reserva vem a criar a possibilidade de o legislador nacional disciplinar a matéria prevista pela lei uniforme, qual seja, a assinatura no título.

Assim, como forma de compatibilizar a Lei Uniforme com a observância de suas reservas, faz-se necessário analisar o que dispõe o país que adotou a referida reserva a respeito da matéria.

No Brasil, seguindo o pensamento antes exposto neste estudo,[221] não tendo sido expressamente revogado todo o Decreto nº 2.044/08, mantêm-se em vigor as disposições não conflitantes com a Lei Uniforme, até mesmo para solução das reservas adotadas, seguindo-se as disposições anteriores e não revogadas.[222]

---

[219] Explica Fran Martins: "A reserva enseja que a assinatura seja *suprida*, isto é, substituída por outro modo de identificação do signatário que não seja o seu próprio nome". E mais adiante esclarece que: "Deve-se essa reserva ao fato de, em certos países, como Japão, a India, o Egito e a Turquia, ser possível subscrever-se a letra com um sinal qualquer que seja considerado como o nome da pessoa, ou carimbo ou mesmo pela impressão digital." MARTINS, Fran. Op. cit., p. 47.

[220] Como a lei pode autorizar a assinatura por chancela mecânica ou outra forma de suprir a assinatura de próprio punho desde que efetivamente corresponda a uma declaração autêntica afirma Werter Faria que a "declaração autêntica poderá consistir na assinatura em cruz ou na impressão digital, certificada por autoridade pública; na assinatura a rogo, perante testemunhas, e autenticada ou, ainda; na declaração redigida e assinada por oficial público, reprodutiva de vontade oralmente expressa". FARIA, Werter. *Cheque...* Op. cit., p. 50-51.

[221] ver I Parte, item B, subitem *b*, do presente trabalho.

[222] Há vários dispositivos do Decreto Brasileiro que, ainda, mantém-se em vigor. MERCADO JUNIOR. Antonio. Op. cit., p. 114-115.

No que tange à forma de suprir a falta da assinatura na letra de câmbio,[223] não há dispositivo equivalente no Decreto brasileiro anterior,[224] contudo, pela leitura dos dispositivos referentes, a necessidade de assinatura para a criação de obrigação nos títulos verifica-se que a Lei Brasileira é mais avançada que a Lei Uniforme pois, inclusive, prescreve sempre a possibilidade de a assinatura ser de próprio punho pelo obrigado ou por seu representante com poderes especiais.[225]

A referida Lei Brasileira dispõe, no que se refere ao requisito essencial da assinatura do sacador, em seu art.1º, Inc. V:

"V - a assinatura do próprio punho do sacador ou do mandatário especial. A assinatura deve ser firmada abaixo do contexto."

O mesmo é verificado no artigo 8º, 2ª alínea, quando trata da assinatura do endossante:

"(...) para validade do endosso, é suficiente a simples assinatura do próprio punho do endossador ou do mandatário especial, no verso da letra."

E, ainda, nessa mesma linha, segue a Lei Brasileira disciplinando, quanto à assinatura do aceitante, em seu artigo 11, que:

"Para a validade do aceite é suficiente a simples assinatura do próprio punho do sacado ou do mandatário especial, no anverso da letra."

Confirmando seu propósito de determinar a possibilidade da assinatura do obrigado, de próprio punho, ou por mandatário, para assumir obrigação cambial,

---

[223] O suprimento da assinatura depende de lei que a regule, cuja oportunidade e conveniência não se fazem sentir, diz Werter Faria quando analisa a reserva do artigo 2º do Anexo II da Convenção para adoção de Lei Uniforme sobre Cheque. FARIA, Werter. *Cheque...* Op. cit., p. 51.

[224] MARTINS, Fran. Op. cit., p. 94.

[225] Contudo não prevê a possibilidade de substituir a assinatura de próprio punho por assinatura a rogo. FARIA, Werter. As reservas formuladas... *Revista Forense*, p. 28.

desde que munido de mandato com poderes especiais,[226] estatui no art. 14 que:

"O pagamento de uma letra de câmbio, independente do aceite e do endosso, pode ser garantido por aval. Para validade do aval, é suficiente a assinatura do próprio punho do avalista ou do mandatário especial (...)."

Continuam em vigor esses dispositivos, na parte que determinam que a assinatura seja de próprio punho, ou por procurador com poderes especiais para tal, pois não há norma posterior regulando a matéria, mantendo-se em vigor a legislação brasileira, ainda, em razão da existência da própria reserva do Anexo II aos artigos correlatos da lei Uniforme.

Complementando a matéria,[227] a Lei Civil, em seu art. 1288, determina:

"Opera-se o mandato, quando alguém recebe de outrem poderes, para em seu nome, praticar atos, ou administrar interesses.
A procuração é o instrumento do mandato."

O referido disciplinamento dá subsídios para que se verifique o modo pelo qual alguém será representado,[228]

---

[226] Afirma Pedro Sampaio que todas as assinaturas poderão ser substituídas pelas de procurador que tenha poderes expressos, específicos e bastantes. SAMPAIO, Pedro. Op. cit., p. 41.

[227] No mesmo sentido é apresentado no trabalho dos Professores da PCU/RS como aplicação subsidiária o artigo da Lei Civil, em razão da incidência da reserva, complementando o disposto na Lei Uniforme. FETTER e WEIDMANN. Op. cit., p. 120.

[228] "se o sacador for cego, enfermo, aleijado ou analfabeto deverá, por instrumento público, outorgar mandato a outra pessoa para que, através desta, a letra seja criada." FRANCO DA ROSA JUNIOR, Luiz Emygdio. Op. cit., p. 131. No mesmo sentido está a lição de Eunápio Borges para quem não se admite a assinatura a rogo, pois se o sacador não souber assinar ou não puder assinar, deverá, por instrumento público, constituir mandatário para assinar em seu nome. Alega, ainda, que basta para a criação ao título que exista formalmente válida a assinatura do sacador, ou a simples aparência de assinatura, em razão até da autonomia das obrigações. BORGES, Eunápio. Op. cit., p. 58. Igualmente é o ensinamento de Pontes sobre a necessidade de procuração por instrumento público para os analfabetos. MIRANDA, Pontes. *Tratado de Direito Cambiário.* Op. cit., p. 259.

quando outra pessoa assumirá obrigações em nome daquele.[229]

Constata-se, ainda, o cuidado que o sistema brasileiro tem em bem identificar o obrigado devedor do título,[230] como estabelece a Lei nº 6.268, de 24 de novembro de 1975,[231] em seu art. 3º:[232]

"Os títulos cambiais e as duplicatas de fatura conterão, obrigatoriamente, a identificação do devedor pelo número de sua Cédula de Identidade, de inscrição no Cadastro de Pessoa Física, do título Eleitoral ou da Carteira Profissional."

Pelo que se percebe, a referida reserva não visa a excluir os dispositivos da Lei Uniforme, mas apenas possibilita sua complementação. Até que seja editada lei nacional que regulamente a matéria para a perfeita aplicação da reserva, continua-se a utilizar a Lei Unifor-

---

[229] "...nenhuma assinatura é posta inutilmente, ou levianamente, num título de crédito, sobretudo em face do rigorismo formal tão absoluto como a letra de câmbio." expõe Requião quando analisa o requisito assinatura. REQUIÃO, Rubens. *Curso de Direito Comercial.* Op. cit., p. 325. Assim, diante do fato de não haver assinaturas inúteis, deve estar bem definido quem, efetivamente, está assumindo a obrigação, pois se o mandatário não estiver munidos de poderes para tal, ele próprio assumirá a responsabilidade, segundo as normas cambiárias. É o mesmo entendimento exposto por PERRONE DE OLIVEIRA, Jorge Alcibíades. Op. cit., p. 63.

[230] Fábio Coelho afirma a incidência da formalidade para identificação do sacado da letra de câmbio, sem referir-se ao sacador, que cria o título e sua obrigação de pagá-lo com sua assina. COELHO, Fábio Ulhoa. Op. cit., p. 387. No mesmo sentido MARTINS, Fran. Op. cit., p. 99-101. Contudo, Waldo Junior aponta como requisitos formais indispensáveis a identificação de quem deve pagar pelo RG, CPF, Título de Eleitor ou Carteira Profissional. FAZZIO JUNIOR, Waldo. *Manual de Direito Comercial.* São Paulo: Editora Atlas, 2000, p. 374.

[231] FETTER e WEIDMANN criticam: "Um diploma legal posterior editado no Brasil, acrescentou outros requisitos formais extrínsecos não previstos na Convenção, o que se constitui numa verdadeira excrescência, uma vez que o Brasil obrigou-se a observar a LUG, tal qual foi editada em 1930 em Genebra. (...) configura-se flagrante ilegalidade contrária aos princípios básico de observância dos tratados e convenções existentes no direito internacional." Op. cit., p. 113.

[232] A Lei nº 6.268/75 é posterior à Convenção e, segundo entendimento do Supremo Tribunal Federal, as normas da Lei Uniforme de Genebra podem ser modificadas ou revogadas por lei posterior sem necessidade de prévia denúncia do Executivo ao Organismo Internacional. MELLO, Celso Albuquerque. *RTJ 83/809.*

me, conjuntamente com as disposições brasileiras ainda em vigor em termos de assinatura.[233]

É possível afirmar que a leitura dos dispositivos referentes à assinatura do sacador, atualmente, pode ser feita da seguinte maneira: lendo o artigo 2º do Anexo II, correlacionando-o com o artigo 1º, item 8, do Anexo I, conjugando-o com o artigo 1º, Inciso V, do Decreto nº 2.044/08, e complementando-o com a leitura do artigo 1.288 do Código Civil, que permanece em vigor.[234]

A essa conjugação de artigos poderá ser agregada a leitura, também, do artigo 3º da Lei nº 6.268, de 24 de novembro de 1975, apesar de tratar da identificação do devedor.[235] Pelo que é permitido concluir que a referida reserva, formulada à Lei Uniforme, não revogou o art. 1º, Item 8, do Anexo I, mas apenas criou a possibilidade de a lei nacional complementar o seu conteúdo para melhor ajustamento às normas coligadas existentes.

Nessa mesma linha deve ser a leitura dos dispositivos referentes à assinatura dos endossantes, aceitante e avalistas, ou seja, utilizando a faculdade do artigo 2º do Anexo II correlacionando-o com os artigos 13, 25, 31, 2ª parte, todos do Anexo I, para, posteriormente, conjugá-los cada um com seus correspondentes na lei brasileira, ou seja, aos artigos 8º, 2ª alínea, 11 e 14, respectivamente. Pode-se do mesmo modo concluir que a reserva não

---

[233] A reserva prevê a possibilidade de o Brasil criar futuramente uma forma de suprir a falta de assinatura já que não pretende criar a obrigação sem a assinatura ou traço caracterizador, observando rapidamente a legislação referente ao Cheque tem-se que na legislação posterior à Lei Uniforme sobre Cheques, ou seja, a Lei nº 7.357/85 em seu Art. 1º, parágrafo único, há previsão da assinatura não só de próprio punho, como por mandatário com poderes especiais, mas, ainda, por chancela mecânica. No mesmo sentido, Requião, que afirma "não se admite a substituição da assinatura na letra de câmbio por chancelas mecânicas, ao contrário do que ocorre com os cheques." REQUIÃO, Rubens. Op. cit., p. 524.

[234] FETTER e WEIDMANN. Op. cit., p. 120.

[235] O sacador na Letra de Câmbio é também um devedor cambiário - é obrigado de regresso, solidário, porém sua obrigação é subsidiária à do aceitante e para ser executado há necessidade de protesto, podendo assim ser apontado como garantidor, e não devedor do título. Neste sentido, MARTINS, Fran. Op. cit., p. 199.

revogou aqueles artigos do Anexo I, apenas possibilitou a sua complementação pela lei nacional.[236]

Pode-se questionar sobre o verdadeiro sentido da reserva em causa, pois quando da elaboração das reservas visava-se, justamente, a criar a possibilidade dos Estados de repelir determinados artigos correlacionados do Anexo I, evitando que eles entrassem para o ordenamento jurídico nacional.[237] No caso desta reserva, isto não ocorreu, pois, pela análise que se pôde fazer, conclui-se que tanto a Lei Uniforme como as normas brasileiras vigentes convivem harmonicamente.

Há quem[238] entenda que seria necessária uma lei nacional para regulamentar o ponto objeto da reserva, da mesma forma que seria conveniente a "elaboração de lei que regule as condições da substituição da assinatura do próprio punho pela assinatura a rogo;"[239] entretanto, a melhor e mais aceita conclusão a que se pode chegar, até o presente momento, é a exposta anteriormente, isto é, que a referida reserva não excluiu a utilização da Lei Uniforme, apenas criou a possibilidade da complementação da matéria por ela regulada, trazendo, como conseqüência, a utilização conjugada harmonicamente com a legislação pertinente e ainda em vigor.

Cabe lembrar que há outras reservas do Anexo II com essa mesma finalidade ou conseqüência, porém, não são todas as reservas que buscam a complementação do conteúdo disposto pela Lei Uniforme. Há reservas que têm como finalidade, especificamente, excluir do ordenamento jurídico nacional a adoção da Lei Uniforme, como é o caso da reserva prevista no artigo 3º do Anexo II do Decreto nº 57.663/66, cuja análise segue no item subseqüente.

---

[236] MARTINS, Fran. Op. cit., p. 47-48.
[237] Neste sentido, FARIA, Werter. *Cheque...* Op. cit., p. 47-49.
[238] SAMPAIO, Pedro. Op. cit., p. 40.
[239] FARIA, Werter. *Revista Forense.* Op. cit., p. 28.

## 4.2. Reserva do Artigo 3º, anexo II

A reserva prevista no artigo 3º do Anexo II do Decreto nº 57.663/66, seguindo o objetivo visado quando da elaboração das reservas à Lei Uniforme, tem a finalidade de repelir a utilização do disposto no estatuto uniforme, no que se refere à letra em branco.[240] Dispõe o referido artigo 3º:

> "Qualquer das Altas Partes Contratantes reserva-se a faculdade de não inserir o art. 10 da lei uniforme na sua lei nacional."

É claro o disciplinamento da reserva não criando qualquer dúvida sobre sua finalidade, qual seja, a de afastar a adoção do artigo 10 do Anexo I. A reserva pretende excluir do sistema jurídico brasileiro a situação prevista no Artigo 10 da Lei Uniforme, que estabelece a possibilidade da criação da chamada letra em branco.[241] Veja-se o que reza o artigo 10 do Anexo I, não incluído no disciplinamento brasileiro, por força da reserva:

> "Se uma letra incompleta no momento de ser passada tiver sido completada contrariamente aos acordos realizados, não pode a inobservância desses acordos, ser motivo de oposição ao portador, salvo se tiver adquirido a letra de má-fé ou, adquirindo-a, tenha cometido uma falta grave."

A doutrina considera a letra em branco ou incompleta[242] aquela que não contém, por ocasião da sua

---

[240] "A letra de câmbio (e qualquer outro título de crédito) pode ser emitida e circular validamente, em branco ou incompleta. quer dizer, os requisitos essenciais da lei não precisam estar totalmente atendidos no momento em que o sacador assina o documento, ou o entrega ao tomador." CORREIA, Ferrer. *Lições de Direito Comercial*.Lisboa: Ed. Lex, 1994, p. 481-487.

[241] Segundo Luiz Emygdio a "letra de câmbio *completa* é o documento que contém todos os requisitos essenciais para valer como tal. O título que nasce sem possuir os requisitos essenciais prescritos em lei denomina-se letra de câmbio *em branco ou incompleta*" FRANCO DA ROSA JUNIOR. Op. cit., p. 142.

[242] A expressão *em branco* ou *incompleta* é utilizada sem se fazer distinção, pela doutrina dominante. Entretanto, verifica-se que Werter Faria faz distinção informando que se deve levar em consideração a intenção e, na dúvida,

criação, algum dos requisitos considerados necessários,[243] deixando claro para o tomador que deverá ser preenchido conforme suas instruções.

Considerada possível a existência de letra em branco, surgem algumas conseqüências decorrentes. A primeira diz respeito à possibilidade de esta letra circular em branco,[244] ou apenas com a assinatura do emitente, pois, efetivamente, este é o único requisito verdadeiramente essencial, sem o qual o título não existe. Não há obrigação cambial sem assinatura na cártula, pois, como é do conhecimento de todos, esta só surge com uma assinatura no título. Uma pessoa só se obriga a partir do momento em que sua assinatura passa a integrar a letra.[245]

Deste modo, é possível afirmar que, admitindo-se a letra em branco ou incompleta no momento da sua emissão, nem por isto deixa de ser válida a obrigação assumida pelo sacador,[246] emitente do título, pois ele fica com sua assinatura vinculada àquela obrigação.[247] Se é permitido que figure no título apenas a assinatura do sacador, para sua emissão como obrigação cambial, também é permitida livre circulação do título nestes termos.[248] É ainda possível que se conclua que, podendo o título ser emitido e entregue ao tomador sem o

---

decidir pela em branco. Pontes faz distinção entre eles, dizendo "O título ou é título em branco (= título a que falta a inserção de dizeres que têm de ser insertos para que possa ser exigido o pagamento) ou é título simplesmente incompleto, que é o título a que algo falta mas a lei estabelece, para o caso da falta, presunção legal." MIRANDA, Pontes de. Op. cit., p. 207.

[243] FRANCO DA ROSA JR., Luiz Emygdio. Op. cit., p. 142.

[244] WHITAKER, José Maria. Op. cit., p. 108.

[245] Esse é entendimento de Perrone, quando afirma que "a criação de um título cambial depende apenas da assinatura do emitente, que ao fazê-lo outorga verdadeiro mandato tácito, para o seu preenchimento de acordo com o combinado, sendo seu o ônus de demonstrar o preenchimento abusivo." PERRONE DE OLIVEIRA, Jorge Alcibíades. Op. cit., p. 65.

[246] Conseqüência do Princípio da Autonomia das obrigações combinado com o Princípio da Literalidade.

[247] Neste sentido é o ensinamento de Whitaker, que afirma que a "obrigação derivada de ato do próprio subscritor, cuja assinatura é o único requisito que lhe é pessoalmente exigido para a validade do vínculo cambiário." WHITAKER, José Maria. Op. cit., p. 106.

[248] WHITAKER, José Maria. Op. cit., p. 10-110.

preenchimento de todos os requisitos essenciais, está-se abrindo a possibilidade de ele completar a cártula posteriormente, conforme o ajustado com o sacador.[249]

Há entendimento no sentido de considerar uma presunção de mandato, pois aquele que adquire um título incompleto ou em branco adquire, naturalmente, o direito de completá-lo.[250] Tal direito, porém, não é ilimitado e autônomo, mas, sim, limitado e derivado,[251] uma vez que tem que ser observados, ao ser preenchido, os ajustes efetuados de comum acordo com o sacador, não podendo ser completado conforme sua vontade e derivado no sentido de não haver adquirido aquela liberdade própria dos títulos, mas, sim, uma derivação, pois o direito autônomo existente do título não é do tomador-beneficiário, mas do sacador.[252]

Cumpre destacar que, ao emitir uma letra em branco ou incompleta, corre-se sempre o risco de ela ser preenchida em desconformidade com o avençado.[253] Em razão deste fato, provavelmente, a Lei Uniforme estabeleceu em seu artigo 10 do Anexo I a impossibilidade de oposição do preenchimento abusivo do título ao terceiro portador de boa-fé. A situação não terá o mesmo procedimento se configurada a hipótese de má-fé ou culpa grave[254] na aquisição do título, pois as duas figuras são desiguais, merecendo tratamento também desigual, em virtude do intenção do agente. Na boa-fé, o agente portador não tem intenção de prejudicar o sacador.[255]

---

[249] COELHO, Fábio Ulhoa. Op. cit., p. 390.

[250] "O direito do possuidor do título cambiário em branco e a enchê-lo é elemento do direito ao título como título cambiário. (...) Quem tem posse legítima, de boa-fé, tem direito a encher." MIRANDA, Pontes. *Tratado de Direito Cambiário*. Op. cit., p. 221.

[251] BORGES, João Eunápio. Op. cit, p. 59.

[252] Id., ibid.

[253] Id., ibid.

[254] MARTINS, Fran. Op. cit., p. 61. "Não se trata de falta grave mas culpa grave. A expressão empregada no texto francês, de que foi feita a tradução portuguesa é *faute lourde*, que se traduz por culpa grave. No texto oficial em inglês é *negligence*."

[255] Emygdio diz que "o portador de boa-fé é aquele que não tem ciência de que os requisitos foram lançados na letra de câmbio em momento posterior

Acredita piamente que seu direito é legítimo e que a obrigação, registrada no título, está de acordo com a vontade do subscritor, pois não tem conhecimento do abuso cometido; diferente da culpa grave ou da má-fé, quando o portador ou preencheu em desconformidade com o previamente estabelecido com o sacador, visando a obter lucro ilegítimo, ou recebeu, sabendo do preenchimento abusivo, apenas para evitar que o sacador possa reclamar do portador, com quem não terá relação subjacente, tampouco base para alegar o referido preenchimento.[256] Diante destas situações que se apresentam é que a legislação não ficou inerte, deixando descoberto o sacador; criou, então, a possibilidade da alegação do preenchimento abusivo, se configurada a hipótese de má-fé.

Assim, considerada a possibilidade da emissão do título em branco e o preenchimento em desacordo com o pactuado, a Lei Uniforme não fornece a possibilidade de ser oposta esta exceção como matéria de defesa, se o portador tiver adquirido a letra de boa-fé; todavia, se ao adquirir a cártula tiver cometido culpa grave ou estiver de má-fé, a exceção poderá ser adotada pelo sacador para defender-se. Verifica-se que a Lei, com a inclusão desta norma, preserva o princípio cambial da inoponibilidade das exceções ao terceiro de boa-fé.[257]

A regra da inoponibilidade da exceção do preenchimento abusivo pelo portador de má-fé, prevista no artigo 10 do Anexo I do Decreto nº 57.663/66, foi repelida pelo artigo 3º do Anexo II do mesmo Decreto. Desta forma, tendo o Brasil adotado esta reserva do Anexo II, não fez incluir em seu sistema jurídico a norma estabelecida naquele artigo do Anexo I.

---

ao de sua criação, e nesta hipótese o legislador estabelece uma presunção absoluta de que os dados constantes do título foram inseridos no momento da emissão da letra." FRANCO DA ROSA JR. Luiz Emygdio. Op. cit., p 143.

[256] PERRONE DE OLIVEIRA, Jorge Alcibíades. Op. cit., p. 65.

[257] Neste sentido, foi a decisão JSTJ nº 22, p. 146, citada no Código Comercial e legislação complementar anotados, de Fábio Coelho, p. 404.

Não sendo adotado aquele artigo por expressa determinação da reserva, não pode a matéria ficar sem disciplinamento. Segue-se, então, para a análise do ordenamento jurídico brasileiro, para a busca da solução, no Decreto nº 2.044/08, que disciplina a mesma matéria, ainda que de forma um pouco diferente.

É possível entender que se mantém em vigor a antiga legislação cambial brasileira na parte não revogada pela Lei Uniforme, conforme já exposto neste trabalho. Então, permanece em pleno vigor o artigo 3º do Decreto nº 2.044/08, eis que correlato.[258]

Pela análise do art. 3º da Lei brasileira, a letra pode ser emitida em branco ou incompleta, uma vez que o dispositivo legal entende que todos os requisitos foram lançados ao tempo da emissão, como se lê:

> "Esses requisitos são considerados lançados ao tempo da emissão da letra a prova em contrário será admitida no caso de má-fé do portador."

Pela simples leitura do dispositivo, consegue-se ver o caráter permissivo da norma criando a possibilidade de o título ser emitido sem todos os seus requisitos, que deverão ser completados para a regularidade da cártula e serão considerados como se tivessem sido preenchidos ao tempo da emissão. Não se questionará o momento do lançamento de todos os requisitos, pois entender-se-á que foram lançados ao mesmo tempo,[259] justamente quando emitido o título.

É de lembrar que, certa ocasião, houve uma tentativa de supressão desse dispositivo, feita por Justiniano

---

[258] Neste sentido Luiz Emygdio Franco da Rosa Jr., Antonio Mercado Jr. (op. cit., p. 144-145), Adroaldo Mesquita Costa (parecer publicado no DOU, Seção I-parte I, de 26/03/1968, item 44.5), Oscar Barreto Filho ( RDM 15/16, p. 11-12, nº 18, B), Fran Martins (op. cit., p. 48) e Jorge Alcibíades Perrone de Oliveira (op. cit., p. 65).

[259] "Desde o lançamento da firma, a obrigação pode, pois, considerar-se subjetivamente perfeita para o respectivo signatário, donde resulta a conclusão de que é a data daquele lançamento, e não a data em que a letra é completada, que prevalece nas questões suscitadas a respeito da validade desta." WHITAKER, José Maria. Op. cit., p. 106.

Serpa,[260] que foi impugnada pela Comissão de Constituição e Justiça de 1907 e, posteriormente, retirada a emenda por ele próprio. Mas, na época, entendeu ele que se a letra fosse preenchida antes da propositura da ação, seria ela válida em benefício do portador de boa-fé que a tivesse recebido já regularizada; contudo, permaneceu o referido artigo no projeto.

O artigo sob análise apresenta a presunção do lançamento dos requisitos ao tempo da emissão da letra, admitindo, conseqüentemente, a prova em sentido contrário, em caso de má-fé. Por este dispositivo, verifica-se que se há esta presunção de que todos os requisitos foram lançados ao tempo da emissão, significa que se está, implicitamente, admitindo a letra incompleta.[261] Diferente da Lei Uniforme que a admite expressamente, sem fazer qualquer menção à contemporaneidade dos requisitos.

Outra situação apresentada pelo artigo 10 é que a Lei Uniforme faz distinção entre má-fé e culpa grave.[262] Esta última não existe na lei nacional, estando, por força da reserva, excluída do ordenamento, restando, entretanto, a má-fé, também admitida no sistema vigente.

Com relação à existência e à aceitação no ordenamento jurídico nacional da letra em branco ou incompleta, manifestou-se o Supremo Tribunal Federal, editando a Súmula 387, que disciplina a situação, conforme se lê:

---

[260] SARAIVA, José A. *A cambial*. Belo Horizonte: Imprensa Oficial de Minas, 1918, p. 173.

[261] CARVALHO DE MENDONÇA, José Xavier. Op. cit., p. 242.

[262] Emygdio faz um paralelo entre o artigo 10 da Lei Uniforme e o artigo 3º da Lei Brasileira, no qual analisa a questão da má-fé e da culpa grave, informando, ainda, que os dois artigos têm aparência de semelhança, mas que interpretando-os verifica-se que "a regra uniforme condiciona a argüição da exceção pelo devedor perante terceiro de má-fé à existência de prévia convenção, entre ele e o beneficiário, sobre os dados a serem preenchidos na letra, e à prova de que o seu preenchimento ocorreu em desacordo com essa convenção" e que para o Decreto Brasileiro basta apenas a prova da má-fé do portador. FRANCO DA ROSA JUNIOR, Luiz Emygdio. Op. cit., p. 145.

"A cambial emitida ou aceita com omissões, ou em branco, pode ser completada pelo credor de boa-fé, antes da cobrança ou do protesto."

A referida Súmula corrobora o disposto no art. 3º do Decreto nº 2.044/08, admitindo a criação do título em branco. Pela Súmula, pode-se entender que a letra pode ser criada e circular apenas com a assinatura, que cria a obrigação para o sacador, devendo, contudo, estar totalmente preenchida no momento de sua cobrança ou de sua contestação, como, até mesmo, era o entendimento ante o Decreto brasileiro, analisado antes da edição da Lei Uniforme, por Alberto Biolchini: "os requisitos essenciais devem existir na letra de câmbio, unicamente no momento em que se contesta a sua validade como tal".[263]

Como referência, ainda, em relação ao preenchimento de título, cabe salientar, a título de complementação, a utilização da chamado "cláusula-mandato"[264] inserida em contratos, normalmente bancários ou comerciais, mediante a qual uma das partes, em regra, o devedor, que ocupa posição desconfortável, autoriza mediante outorga de poderes ao próprio credor ou a um terceiro, via de regra a ele vinculado, para que aceite ou assuma obrigação em letras de câmbio.[265] Desta forma, tem-se um título sacado pelo credor e aceito por ele ou por um terceiro, na condição de procurador do devedor.

A referida situação não acarreta, em tese, qualquer possibilidade de impedimento para sua adoção, eis que o mandato tem previsão legal, e havendo o preenchimento de acordo com o previamente estabelecido pelas partes, não resultaria prejuízo.[266] Contudo a referida

---

[263] BIOLCHINI, Alberto. *A Letra de Cambio*. São Paulo: Escolas Profissionais Salesianas, 1909, p. 14.

[264] A respeito da "cláusula-mandato", ver Perrone de Oliveira, que traz excelente contribuição. Op. cit., p. 98-100.

[265] "a sistemática decorrente da cláusula-mandato é, no meu modo de entender, plenamente válida, e representa, também, a forma mais eficiente de se tutelarem os direitos dos credores". COELHO, Fábio Ulhoa. Op. cit., p. 389.

[266] Foi esse o entendimento de acórdão do TARS. JTARS, 78, p. 210-212.

cláusula passou a ser utilizada para embutir quantias não estabelecidas pelo devedor, que muitas vezes sequer concordava, assim, a referida cláusula não mais estava sendo usada de acordo com a própria natureza do instituto do mandato. Como regra fundamental para o estabelecimento do mandato, tem-se o agir conforme e de acordo com o interesse do mandante, o que não ocorreria se o credor fosse ao mesmo tempo mandatário do devedor, pois de um lado teria que agir conforme seu interesse e ao mesmo tempo conforme interesse do seu devedor contrário ao seu, muitas vezes.[267] Assim, a questão após diversas manifestações judiciais[268] foi decidida com a edição da Súmula 60 do Superior Tribunal de Justiça,[269] que reza:

> "É nula a obrigação cambial assumida por procurador do mutuário vinculado ao mutuante, no exclusivo interesse deste."

A questão foi reforçada pela edição do Código de Defesa do Consumidor, Lei nº 8.078/99,[270] que em seu art. 51, inc. VIII, estabelece a nulidade de pleno direito de cláusula pela qual o credor imponha ao devedor procurador para celebrar outro negócio.[271]

A situação do devedor do título ficava complicada com a adoção da cláusula, apesar da permissão pela

---

[267] "a outorga de mandato para aceite ou emissão de título de crédito já era vedada pelo art. 115 do Código Civil, pois trata-se de condição meramente potestativa, uma vez que sujeita em demasia o efeito do ato 'ao arbítrio de uma das partes". BRANCO, Gerson Luiz Carlos. *O sistema Contratual do Cartão de Crédito*. São Paulo: Saraiva, 1998, p. 143.

[268] O Supremo Tribunal Federal pronunciou-se, em época que tinha competência para análise de matéria infraconstitucional, no sentido da validade da cláusula-mandato. RTJ 116/749.

[269] FRANCO DA ROSA JR, Luiz Emygdio. Op. cit., p. 154.

[270] Há certa resistência em aplicar o Código de Defesa do Consumidor às Instituições Financeiras, Administradoras de Cartões de Crédito etc. conforme informa PERRONE DE OLIVEIRA, apesar do disposto no art. 3º, § 2º, que faz menção à "natureza bancária". Op. cit., p. 100.

[271] Dispõe o Código de Defesa ao Consumidor – Lei nº 8.078/99: "Art. 51. São nulas de pleno direito, entre outras, as cláusulas contratuais relativas ao fornecimento de produtos e serviços que: (...) VIII – imponham representante para concluir ou realizar outro negócio jurídico pelo consumidor."

legislação cambial, agravando-se a questão quando da circulação do título a um terceiro de boa-fé, que o recebia preenchido, eis que, com a transferência incide o princípio da inoponibilidade das exceções, previsto no art. 17 da Lei Uniforme, o que por si só impede a alegação do preenchimento abusivo.[272]

Desta forma, a título exemplificativo, foi apresentada, brevemente, a questão da cláusula-mandato, como outra forma de preenchimento abusivo do título, é possível afirmar que o título deve ser preenchido ou no momento da sua criação pelo sacador ou posteriormente, antes da cobrança, mas, sempre, em conformidade com o acordado pelas partes, embora possa-se dizer que "quem o assinar, assim incompleto corre evidentemente o risco de um preenchimento abusivo do título, em desacordo com a sua vontade".[273] Contudo, se não há vedação legal, é perfeitamente possível a emissão da letra em branco ou incompleta de seus requisitos que deverão estar preenchidos, em conformidade com o previamente estipulado pelas partes diretamente envolvidas, no momento da exigência da obrigação.

Assim, encerra-se esta análise, concluindo que a reserva do artigo 3º do Anexo II excluiu do sistema jurídico brasileiro o artigo 10 da Lei Uniforme, mantendo-se, assim, em vigor a lei cambial brasileira existente.

A presente análise fez concluir a diferença da utilização da reserva do artigo 3º daquela referente ao artigo 2º, ambos do Anexo II, anteriormente analisada e que apenas criou a possibilidade de complementar a matéria disciplinada na Lei Uniforme, sem eliminá-la.

A seguir, como sucedâneo da análise da aplicação conjugada da Lei Uniforme com a Lei Brasileira, após o estudo de duas reservas que apresentam situações diversas de aplicabilidade da Lei Uniforme, será apresen-

---

[272] "de um título de crédito emitido com base na cláusula-mandato não permite a discussão sobre o valor do débito". BRANCO, Gerson Luiz Carlos. Op. cit., p. 145.

[273] BORGES, Eunápio. Op. cit. , p. 59.

tada uma situação decorrente da adoção da Lei Uniforme em que é criada uma lacuna legal, com o exame primeiramente da reserva do artigo 10 do Anexo II, em que prevê a possibilidade da complementação de determinada situação prevista pela Lei Uniforme, Anexo I; para, posteriormente, analisar que a legislação brasileira não dispõe a respeito, caracterizando a lacuna.

# 5. As lacunas resultantes da conjugação de normas

A Lei Uniforme foi inserida no direito pátrio com a adoção de algumas reservas do Anexo II, desta forma, a utilização da legislação deve ser feita conjugando-se com a legislação em vigor.

Ocorre que em estudo das reservas adotadas pelo Brasil verifica-se que nem todas têm a mesma função e conseqüentemente a mesma solução. O que foi constatado no item anterior, ou seja, conjugando-se duas reservas do Anexo II, não teve a mesma aplicação, pois numa houve o acolhimento do disposto na Lei Uniforme, tendo sido seu conteúdo complementado por força da reserva pela legislação nacional, enquanto no outro caso, houve claramente a exclusão da adoção da Lei Uniforme, e estando tal situação prevista na legislação brasileira, que permanece em vigor quando não contrariar dispositivo posterior, deverá, então, ser utilizada.

No presente item, será tratada a questão da lacuna decorrente da falta de previsão legal como conseqüência da conjugação das normas da Lei Uniforme, a utilização da reserva e a falta de regulamentação da lei cambial brasileira. Para a perfeita compreensão da situação será apresentado num primeiro momento uma análise do disposto na reserva do artigo 10 do Anexo II, que traz situação diversa daquelas apresentadas no item anterior, para, num segundo momento, ser examinada a existência ou não da lacuna, como resultado da aplicação efetiva da lei uniforme, utilizando-se da reserva.

## 5.1. Reserva do Artigo 10 do anexo II

As reservas analisadas no item anterior apresentavam duas situações, cuja aplicação da Lei Uniforme é diversa desta terceira reserva selecionada para estudo. Nesta tem-se uma situação que permitirá ao intérprete complementar seus estudos pela análise da utilização do mecanismo das reservas sob três formas, verificando que as conseqüências podem ser diversas conforme a natureza e a interpretação da reserva.

Adotando o Brasil a reserva prevista no art. 10 do Anexo II, tem-se a seguinte situação:

"Fica reservada para a legislação de cada uma das Altas Partes Contratantes a determinação precisa das situações jurídicas a que se referem os nºs 2 e 3 do art. 43 e os nºs 5 e 6 do art. 44 da Lei Uniforme."

É plausível entender que não pretende a reserva ver retirado do sistema brasileiro o art. 43 da Lei Uniforme.[274] Pela análise da expressão utilizada no artigo 10, "fica reservada para a legislação de cada uma das Altas Partes Contratantes", pode-se dizer que a Lei declinou da competência para cada uma das Altas Partes, significando que lhes compete determinar aquelas situações previstas pela Lei Uniforme.[275] Tendo o Brasil adotado a referida reserva,[276] não parece ter havido a intenção de excluir aquelas situações previstas pela Lei Uniforme, eis que a própria reserva não dá indícios desta intenção.[277]

---

[274] Esse entendimento não é pacífico Pedro Sampaio afirma: "Enseja, pois, a matéria reservada que esses temas sejam disciplinados em lei nacional do Estado assimilador da reserva, desejoso de impedir a vigência dos números 2 e 3 do artigo 43 e das alíneas 5 e 6 do artigo 44 do Anexo II." SAMPAIO. Pedro. Op. cit., p. 45.

[275] FARIA, Werter. *Revista Forense*, Op. cit., p. 30.

[276] Luiz Emygdio afirma que "a doutrina diverge, no entanto, quanto à introdução ou não no direito positivo brasileiro dos nºs 2 e 3 do art. 43 da LUG em razão das interpretações diversas quanto ao alcance da reserva." FRANCO DA ROSA JR, Luiz Emygdio. Op. cit., p. 337.

[277] Neste mesmo sentido, Requião, apesar de afirmar que não há critério, no direito brasileiro, quanto à suspensão. REQUIÃO, Rubens. *Curso de Direito Comercial*. Op. cit., p. 348.

Assim, é permitido concluir que o Brasil, ao adotar esta reserva, visou a garantir a determinação precisa daquelas situações por sua própria legislação.

A palavra *determinação*, em sentido jurídico, significa demonstração acerca de uma figura ou situação,[278] e *precisa* significa específica, definida, exata;[279] então, poder-se-ia pensar que aquela situação não teria sido adotada se não estivesse bem definida.

A reserva abre a possibilidade de cada um dos países que adotarem a referida reserva legislar para definir as situações previstas nos artigos 43 e 44 do Anexo I, que tratam do exercício do direito de regresso antes do vencimento previsto no título.[280] O presente item cuidará somente do tema disposto no art. 43, n[os] 2 e 3, ou seja, as situações descritas como causas do exercício do direito de regresso, antes do vencimento. O disposto no art. 44, n[os] 5 e 6, ficará excluído desta avaliação, apesar de ser pertinente ao mesmo assunto, por versar sobre requisito ou condição para o exercício do direito de regresso naquelas situações previstas no art. 43, n[os] 2 e 3, pois a abordagem é complementar àquelas situações. O art. 44, n[os] 5 e 6, trata especificamente da necessidade de protesto para o exercício do direito de regresso antes do vencimento.[281] Por entender

---

[278] O verbete diz: "DETERMINAÇÃO. Derivado de *determinatio*, do verbo latino *determinare* (fixar, regular, demarcar), possui o vocábulo na linguagem jurídica o sentido: a) de exprimir a ordem ou prescrição emanada da lei ou da autoridade; b) como significa a demonstração que se faz acêrca da figura ou situação de uma coisa." DE PLÁCIDO E SILVA. Op. cit., p. 521-522.

[279] Encontra-se a definição em qualquer dicionário da Língua Portuguesa em "PRECISO. [Do lat. *praecisu*, 'cortado pela extremidade'.] Adj. !. Necessário; urgente. 2.Exato, certo, definido. 3. Claro, categórico, terminante." FERREIRA, Aurélio Buarque de Holanda. *Novo Aurélio Século XXI: Dicionário da Língua Portuguesa*. Rio de Janeiro: Nova Fronteira, 1999, p. 1624.

[280] A doutrina aponta a diferença entre o vencimento dito ordinário e extraordinário. "O vencimento da letra de câmbio normalmente ocorre no momento nela previsto, para que o portador possa exigir dos devedores a soma cambiária. Entretanto, a legislação cambiária prevê determinados fatos estranhos à vida normal da letra de câmbio, que, mesmo antes do vencimento, conferem ao portador direito de ação contra os devedores indiretos. O art. 43 da LUG enumera as seguintes hipóteses de vencimento extraordinário." FRANCO DA ROSA JUNIOR, Luiz Emygdio. Op. cit., p. 336.

[281] FARIA, Werter. *Revista Forense*. Op. cit., p. 30.

que o problema está, justamente, na definição da situação descrita no art. 43, n$^{os}$ 2 e 3, a presente análise não alcançará o art. 44 do Anexo I.

Havendo a reserva permissiva para complementação ou definição das situações estabelecidas nos Itens 2 e 3 do art. 43, compete ao Brasil especificar as circunstâncias em que ocorrem aqueles casos. Tem-se que verificar o que dispõe o referido artigo da Lei Uniforme:

> "O portador de uma letra pode exercer os seus direitos de ação contra os endossantes, sacador e outros coobrigados:
> se o pagamento não foi efetuado;
> mesmo antes do vencimento:
> 1º) se houve recusa total ou parcial de aceite;
> 2º) nos casos de falência do sacado, quer ele tenha aceite, quer não, de suspensão de pagamentos do mesmo, ainda que não constatada por sentença, ou de ter sido promovida, sem resultado, execução dos seus bens;
> 3º) nos casos de falência do sacador de uma letra não aceitável."

No Item n$^{o}$ 2 do artigo sob análise, têm-se os seguintes casos que possibilitam o direito de regresso: a falência do sacado (aceitante ou não); a suspensão dos pagamentos mesmo sem a sentença correspondente; e a execução dos bens do sacado. Com relação à primeira situação prevista neste Item, qual seja a falência do sacado (aceitante ou não), a complementação ficou a cargo do Brasil disciplinar. Deve-se seguir aquela mesma orientação de buscar, no ordenamento jurídico brasileiro em vigor, a existência de norma disciplinadora.[282]

A definição da situação da falência do sacado (aceitante) encontra disciplinamento tanto na Lei Uniforme como no Decreto brasileiro. Neste, a regra está prevista no art. 19 que dispõe:

---

[282] Orientação apresentada na I Parte, item B, subitem *b*, do presente trabalho.

"A letra é considerada vencida, quando protestada:
I – pela falta ou recusa do aceite;
II – pela falência do aceitante.
O pagamento, nestes casos, continua diferido até o dia do vencimento ordinário da letra, ocorrendo o aceite de outro sacado nomeado ou, na falta, a aquiescência do portador expressa no ato do protesto, ao aceite na letra, pelo interveniente voluntário."

Verifica-se que o dispositivo anterior e o atual são semelhantes no que se refere à situação em si – falência do aceitante; então, considerando que a lei nova revoga a anterior quando expressamente determina ou quando disciplina totalmente a matéria ou de forma contrária à anterior, tem-se o caso de revogação do dispositivo antigo, que trata da falência do sacado aceitante. Este entendimento não é unânime. Há posicionamentos no sentido de que o art. 19, nº II, do Decreto nº 2.044/08, teria sido revogado,[283] por força da Lei Uniforme que, além de regulamentar a matéria, ser posterior à Lei Cambial brasileira. Por outro lado, Fran Martins,[284] contrariamente à opinião de Mercado Junior, afirma que persiste o nº II do art. 19 da Lei Cambial brasileira.

Essa questão tal como está disposta na lei brasileira deve ser entendida como não-aplicável, eis que, na lei brasileira o exercício do direito de regresso só poderia ser efetivado quando a letra estivesse vencida, e o referido artigo, então, previa que a letra era considerada vencida quando protestada pela falência do aceitante, podendo ser exercido o direito de regresso. Ocorre que pela legislação falimentar brasileira não há necessidade de protesto para o vencimento da letra, pois com a falência consideram-se vencidas as dívidas do falido. Assim, a complementação facultada pelo art. 10 do Anexo II, que seria possível pela utilização da Lei

---

[283] FARIA, Werter R. *Revista Forense*. Op. cit., p. 30.
[284] MARTINS, Fran. Op. cit., p. 54.

Brasileira, considerando-a ainda em vigor, em seu art. 19, inc. II, acarretaria a necessidade do protesto para o vencimento do título, para, só então, ser exercido o direito de regresso. Não é o que parece ser a intenção da Lei Uniforme, eis que a mesma não exige o protesto para o vencimento, aceita a possibilidade do exercício do direito de regresso antes do prazo estabelecido na letra, ocorrendo, por exemplo, a falência do aceitante. E da mesma forma que não é o que disciplina a Lei de Falências, quando estabelece o vencimento antecipado das dívidas do falido em seu art. 25. Pelo que seria possível sustentar que o disposto no art. 19, inc. II, da Lei Brasileira não está mais em vigor, pois além de não caracterizar a situação da falência do aceitante, exige o protesto para o vencimento da obrigação cambial, havendo falência do mesmo, o que não é exigido pela própria Lei de Quebras, em flagrante conflito.

O problema da revogação ou não deste artigo não altera, substancialmente, a análise da influência da adoção da reserva e solução da situação imposta por ela, visto que a reserva abre a possibilidade de definição da situação prevista na Lei Uniforme.[285] Assim, se a situação lá prevista tem definição na lei nacional, seguir-se-á esta definição; todavia, se há apenas previsão sem a devida especificação, permitida pela reserva daquela situação, não haveria conseqüências maiores em considerar revogado aquele artigo, eis que existente outro semelhante na Lei Uniforme, que é posterior àquela,

---

[285] Explica-se: se considerado em vigor o art. 19, II da Lei Brasileira, em razão da incidência da reserva do art. 10 do anexo II, que afastaria o disposto no art. 43, 2 do anexo I, ter-se-ia a simples referência a situação de falência do aceitante, sem que houvesse definição precisa da situação, pela lei cambial brasileira. O mesmo ocorre se considerado em vigor o art. 43, 2 do anexo I, apesar da incidência da reserva do art. 10 do anexo II, pois a situação nele prevista – diga-se semelhante à da lei cambial brasileira em seu art. 19, II, que perderia a vigência em razão de lei posterior de conteúdo semelhante- não estaria regulamentada pela lei cambial brasileira, ou seja, é questão de interpretação se vigora ou não o art. 19, II, e, em qualquer caso, a determinação precisa da situação não será preenchida pela lei cambial brasileira, daí a afirmação de que a referida revogação não altera substancialmente a análise no presente caso.

prevendo, assim, atualmente, a matéria. Contudo, para argumentar, lembra-se o que foi desenvolvido na I Parte, item B, subitem *b*, deste estudo, no sentido de que a Lei Uniforme revogou todos os dispositivos anteriores, contrários ao que ela prevê, ou àqueles que foram regulamentados pela lei nova. A Lei Uniforme previu a situação da falência do aceitante, sendo lógico pensar que, então, a lei anterior, neste ponto, restou revogada. Logo, na aplicação da reserva, ter-se-á que buscar a definição, não mais na Lei Cambial anterior revogada, por força da inclusão da Lei Uniforme, mas, à luz de outra lei brasileira, pertinente à matéria falimentar, por exemplo, para fins de interpretação. É como se fará a análise neste estudo.

Essa situação da falência do sacado aceitante, afora a problemática da revogação do dispositivo brasileiro, não apresenta problemas maiores, visto que o sacado,[286] quando aceitou,[287] tornou-se o principal obrigado no título,[288] e com a sua assinatura[289] assumiu a obrigação de pagar o valor no título estabelecido,[290] na data aprazada, regra que é alterada com o advento da falência deste obrigado, como bem determina a legislação nacional a respeito das obrigações do falido:

---

[286] É aquele indicado na letra como sendo quem deve pagar.

[287] "o sacado, apondo a sua assinatura na letra de câmbio, pratica o ato cambiário do aceite, que corresponde a uma declaração cambiária facultativa, eventual e sucessiva, pela qual o sacado acata e reconhece a ordem de pagamento que lhe é dada pelo sacador, e, em conseqüência, confessa dever a quantia nele mencionada como líquida e certa, prometendo pagá-la, no vencimento, ao tomador ou a outrem á sua ordem, assumindo a posição de devedor principal e direto. FRANCO DA ROSA JUNIOR, Luiz Emygdio. Op. cit., p. 163.

[288] "Não há aceite verbal ou lançado em ato ou papel separado, ainda que mencionado na letra; a obrigação cambial deve constar do título". CARVALHO DE MENDONÇA, José Xavier. Op. cit., p. 303.

[289] "O aceite exprime-se por meio das fórmulas usuais aceito, aceitamos, manifestação da vontade do sacado honrar a ordem do sacador, mas a simples assinatura." Id., ibid., p. 305.

[290] "Quem aceita o saque e firma as declaração cambiária, assume obrigação autônoma, independente de qualquer outra; e essa obrigação é abstrata." FERREIRA, Waldemar. Op. cit., p. 183.

"DECRETO-LEI Nº 7.661, DE 21 DE JUNHO DE 1945
Art. 25. A falência produz o vencimento antecipado de todas as dívidas do falido e do sócio solidário da sociedade falida, com o abatimento dos juros legais, se outra taxa não tiver sido estipulada."

Assim, todas as obrigações do falido poderão ser cobradas antes do vencimento previsto,[291] ou seja, desde a declaração de falência. As obrigações derivadas de letras de câmbio, ainda que tenham data prevista para pagamento, poderão ser executadas antes. É a situação que se impõe pela Lei Cambial Uniforme, conjugada harmonicamente com o disposto no ordenamento jurídico vigente – a Lei de Quebras. A regra se impõe, tendo em vista que, se já houve a comprovação do estado de falência do aceitante, não poderá o falido escolher quem deseja pagar antes,[292] além de que todos os demais credores concorrerão para o rateio, e o pagamento será

---

[291] "mesmo as dívidas não cobráveis, porque ainda não vencidas, tornam-se exigíveis". PAES DE ALMEIDA, Amador. *Curso de Falência e Concordata.* São Paulo: Saraiva, 1997, 15 ed., p. 153.

[292] A administração dos bens e o pagamento de dívidas será realizada pelo síndico, e não mais pelo falido (no presente caso devedor aceitante no título). Analisando conjuntamente os artigos correspondentes tem-se que o art. 40 disciplina: "Desde o momento da abertura da falência, ou da decretação do seqüestro, o devedor perde o direito de administrar os seus bens e deles dispor. § 1º Não pode o devedor, desde aquele momento, praticar qualquer ato que se refira direta o indiretamente aos bens, interesses, direitos e obrigações compreendidos na falência, sob pena de nulidade, que o juiz pronunciará de ofício, independente de prova de prejuízo", desta forma, não pode o devedor decidir o destino de seus pagamentos. Além do mais, a administração será realizada pelo Síndico conforme dispõe o Art. 59: "A administração da falência é exercida por um síndico, sob a imediata direção e superintendência do juiz". Não podendo, assim, nem o Síndico, muito menos o falido-devedor decidir qual o crédito que pretende pagar primeiro, pois existe uma classificação dos crédito a ser seguida no momento do pagamento, conforme reza o art. 102: "Ressalvada, a partir de 2 de janeiro de 1958, a preferência dos créditos dos empregados, por salários e indenizações trabalhistas, sobre cuja legitimidade não haja dúvida, ou quando houver, em conformidade com a decisão que for proferida na Justiça do Trabalho, e, depois deles, a preferência dos credores por encargos ou dívidas da massa (art. 124), a classificação dos créditos, na falência, obedece à seguinte ordem: I - créditos com direitos reais de garantias; II - créditos com privilégio especial sobre determinados bens; III - créditos com privilégio geral; IV - créditos quirografários".

feito na mesma oportunidade para todos, razão pela qual vencerão antecipadamente as dívidas, até mesmo as cambiais.

Pode-se questionar sobre o valor da literalidade da letra, que significa observância fiel dos termos registrados na cártula, ante a regra do vencimento antecipado previsto pela Lei de Falências. Se o princípio norteador dos títulos de crédito é, justamente, a literalidade, garantindo o cumprimento da obrigação exatamente como escrita na própria letra,[293] não poderia, sob pena de ferir o referido princípio, exigir a obrigação de forma diversa do estipulado. Por exemplo, a data do vencimento, aprazada na letra de câmbio, pelo princípio da literalidade, garante ao devedor que ele só será compelido naquela época preestabelecida; entretanto, esta norma cede lugar à outra,[294] do vencimento antecipado pelo advento da falência do aceitante, sem, contudo, perder sua literalidade, pois não significa que o título tenha outro vencimento. Continuará seu vencimento na data aprazada; apenas, prevê a Lei de Quebras, o exercício do direito antes do efetivo vencimento.

Pela leitura da Lei Uniforme, verifica-se que ela não contempla o vencimento extraordinário,[295] somente abre a possibilidade do exercício da ação antes da data marcada no título. Assim, pode ser entendido que, com

---

[293] "o direito decorrente do título é literal no sentido de que, quanto ao conteúdo, à extensão e às modalidades desse direito, é decisivo exclusivamente o teor do título". MESSINEO, *Titoli di crédito, pàg. 8, Apud* ASCARELLI, Tullio. Op. cit, p. 64.

[294] Na verdade, a questão poderia ser posta de outra maneira. Poderia surgir a dúvida quanto a uma possível antinomia em relação a um princípio. Mas não seria o caso, pois, o princípio da literalidade não seria ferido pela norma posterior, pois continuaria perfeito, já que a norma que com seus dispositivos determina apenas a possibilidade do exercício antes da data prevista, ou seja, contempla o próprio princípio, não o fere. Em relação aos critérios para solução de antinomias de princípios e normas, ver JUAREZ FREITAS. Op. cit., p. 71-79.

[295] "O art. 19 da L. n. 2.044 impunha o vencimento antecipado da letras só pela falência do aceitante. a Lei Uniforme não prevê o vencimento extraordinário nessa caso e nos outros três que enumera. Toma-os unicamente como pressupostos do direito de regresso." FARIA, Werter. *Revista Forense.* Op. cit., p. 30.

*Títulos de Crédito – DESAFIOS INTERPRETATIVOS*
*DA LEI UNIFORME DE GENEBRA NO BRASIL*

a falência do aceitante, a letra "é considerada exeqüível contra os obrigados regressivos, já que o obrigado principal, com a superveniência da falência, não pode mais ser executado",[296] não havendo a necessidade de se aguardar até o vencimento da letra.

Conclui-se que a primeira parte do Item 2 do art. 43 – que trata da *"falência do sacado, quer tenha aceite"* - da Lei Uniforme, apesar da reserva do art. 10 do Anexo II, mantém-se em vigor. E a solução para a definição da situação, prevista na Lei Uniforme, é, segundo a modesta interpretação que se apresenta neste estudo, buscar no ordenamento jurídico brasileiro vigente, a definição ou especificação daquela situação, entendendo que a Lei Cambial brasileira restou revogada neste ponto quando da introdução da Lei Uniforme. Havendo dentro do ordenamento jurídico brasileiro uma Lei, a falimentar, que trata da matéria, pode-se entender que há previsão da situação, criada pela Lei Uniforme.

A simples leitura da Lei de Falências (Lei nº 7.661/45) fornece os elementos necessários para a caracterização do estado falimentar que pode dar ensejo ao processo de falência de um comerciante. Assim, é perfeita a definição da situação de falência, o que é facultado ao Brasil, pela reserva, aqui sob exame, através de sua lei nacional.

Então, a lei nacional que disciplina, ou melhor, que faz a *"determinação precisa"* da referida situação é a Lei nº 7.661/45. Pelo que é perfeitamente possível afirmar, pelo entendimento deste trabalho, que o disposto no art. 43, item 2, primeira parte – *falência do sacado, quer tenha aceite* – permanece em pleno vigor,[297] tendo a reserva do art. 10, Anexo II, apenas permitido a complementação

---

[296] MARTINS, Fran. Op. cit., 1998, p. 55.

[297] Salienta-se, como já informado antes, que este ponto não é pacífico, havendo divergência na doutrina. Em vigor para Fran Martins. Sentido contrário, pela não-vigência do art. 43 somente no que se refere à suspensão de pagamentos, Amador Paes de Almeida e Rubens Requião, que afirmam: "desconhece o critério de aferir-se a solvabilidade do devedor pela cessação ou suspensão de pagamento, assentado a caracterização da falência na impontualidade do devedor, mediante o protesto por falta de pagamento da obrigação líquida e certa". REQUIÃO, Rubens. Op. cit., p. 548, n. 578.

do seu dispositivo, pela lei nacional. Não houve qualquer exigência expressa para que fosse pela lei cambial nacional, cabendo referir que fazendo a conjugação da legislação, como acima exposto, conclui-se que o dispositivo da Lei cambial brasileira (art. 19, inc. II) pode ser entendido como não em vigor,[298] aplicando-se, ou melhor, buscando-se a solução dentro do ordenamento jurídico brasileiro, que é encontrada na Lei de Quebras, mantendo, assim, a Lei Uniforme em vigor, neste ponto.

No que tange à falência do sacado não-aceitante, previsto no item 2 do art. 43 da Lei Uniforme – *falência do sacado (sem aceite)*, que foi objeto de reserva pelo artigo 10 do Anexo II, não há semelhante dispositivo no ordenamento cambial brasileiro; contudo, cabe lembrar que o sacado, nesta condição, não tem qualquer obrigação no título,[299] pois somente assume obrigação na letra de câmbio com sua declaração, assinando o título.[300] Não tendo o sacado assinado, não será obrigado cambiário, ele é apenas o indicado na letra, pelo sacador, como sendo aquele que deve efetuar a obrigação. Não tendo obrigação, não poderia ser o título considerado vencido ou os obrigados de regresso serem compelidos a pagar, antes da data aprazada, pela sua falência; todavia, esta situação é possível em vista do que dispõe a Lei de Falências sobre a administração dos bens do falido:

---

[298] Contrariamente ao aqui exposto estão Luiz Emygdio Franco da Rosa Jr. (Op. cit., p. 338) e Fábio Ulhoa Coelho (*Código Comercial e Legislação Complementar Anotados*. São Paulo: Saraiva, p. 420, nota ao art. 43 do Decreto nº 57.663/66)

[299] "Até o momento de aceitar, a figura subjetiva que existe é a do sacado, isto é, a pessoa a quem o sacador deu ordem (...), ou a quem fez simples convite para obrigar-se. (...) Se bem que o nome do sacado figure no texto, não é ele obrigado, nem a aposição do seu nome pelo sacador prova qualquer relação entre ele e o criador do título, menos ainda entre ele e qualquer outro obrigado cambiário." PONTES DE MIRANDA,. Op. cit. p. 273.

[300] "O aceite é a declaração cambial firmada na letra, por meio da qual o sacado, aquiescendo à ordem de pagamento a êle dada pelo sacador, assume, na qualidade de *aceitante*, a posição de devedor principal e direto da soma cambial. (...) pelo aceite faz êle a promessa incondicional de, no vencimento, pagar a soma cambial ao portador legitimado da letra. (...) e é em virtude dêle que o sacado se transforma no principal devedor do título." BORGES, João Eunápio. Op. cit., p. 63.

"Art. 40. Desde o momento da abertura da falência, ou da decretação do seqüestro, o devedor perde o direito de administrar os seus bens e deles dispor. § 1º Não pode o devedor, desde aquele momento, praticar qualquer ato que se refira direta ou indiretamente aos bens, interesses, direitos e obrigações compreendidos na falência sob pena de nulidade, que o juiz pronunciará de ofício, independentemente de prova de prejuízo.

§ 2º Se, entretanto, antes da publicação da sentença declaratória ou do despacho de seqüestro, o devedor tiver pago no vencimento título à ordem por ele aceito ou contra ele sacado, será válido o pagamento, se o portador não conhecia a falência ou o seqüestro, e se, conforme a lei cambial, não puder mais exercer utilmente os seus direitos contra os obrigados."

Se, com a decretação da falência, o devedor perde a administração de seus bens, é lógico pensar que não poderá ele assumir obrigação, pois *"os bens do devedor são a garantia do credor"*,[301] ficaria o credor sem garantia. Se não pode comprometer seus bens, não pode assumir obrigação; como poderá o sacado assinar a letra de câmbio, aceitando-a? Com a assinatura é que assumirá a obrigação de pagar o valor escrito na cártula, mas, se não dispõe de crédito, não poderá assumir tal compromisso, sendo coerente afirmar que a falência do sacado, não aceitante, acarretará a possibilidade da execução antecipada do título. Evidentemente, só em relação aos demais devedores é que será efetuada a cobrança, eis que o sacado, nesta condição, é apenas indicado no título como aquele que cumprirá a obrigação principal,

---

[301] Neste sentido é a lição de Araken de Assis que cita como base o art. 591 do Código de processo Civil Brasileiro que reza: "O devedor responde, para o cumprimento de suas obrigações, com todos os seus bens..." lembrando a noção da responsabilidade patrimonial do devedor. ARAKEN DE ASSIS. *Manual do Processo de Execução.* São Paulo: Revista dos Tribunais, 2.ed., 1995, p. 299-300.

reforçando-se, o que só se configura mediante sua aceitação (assinatura).

É pertinente que, havendo a reserva do Anexo II, para complementação da situação prevista no Anexo I, verificar, também, o que dispõe a lei cambial brasileira sobre a falência do sacado não-aceitante.

Verificando o disposto no já citado artigo 19, não há regulamentação ou previsão para a situação da falência do sacado que não aceitou.[302] Assim, aqui ter-se-ia como solucionar a questão, pois a complementação viria da legislação brasileira. Contudo, cabe ressaltar que não, necessariamente, o fato de não haver previsão, na lei cambial brasileira, sobre a falência do sacado não-aceitante, essa situação não pudesse ser considerada em vigor.[303]

A situação, ou melhor, a determinação precisa da situação da falência é prevista no ordenamento jurídico brasileiro, pela Lei de Falência. O fato de o falido ser um obrigado, ou não, deve ser disciplinado pela própria lei cambial. E nesse ponto, a Lei Uniforme prevê a situação facultando, pela adoção da reserva sob exame, somente a definição da caracterização de sua falência.

Assim, pode-se afirmar que havendo a lei posterior criado situação nova não pode deixar de ser considerada válida a situação nova, pela inexistência de previsão legal anterior. Desta forma, tem-se que acolher o entendimento de que com a entrada em vigor da Lei Uniforme, como lei interna, o dispositivo ou situação prevista – falência do sacado não-aceitante – tem vigência.[304]

---

[302] Pontes de Miranda afirma: "No direito brasileiro, não se fala do sacado não-aceitante, porque esse, falindo não pode aceitar, e cabe aplicar-se o art. 19, I: no caso excepcional de poder aceitar, não há vencimento antecipado. (...) Sendo ele incapaz e não podendo aceitá-la o representante, dá-se o vencimento legal por força do Art. 19, I." PONTES DE MIRANDA. Op. cit., p. 456.

[303] Ver Fran Marins, que traz as justificativa para não ter sido consagrada a falência do sacado pela Lei brasileira e ter sido incluída na Lei Uniforme. MARTINS, Fran. Op. cit., 1998, p. 176.

[304] Contrariamente é o entendimento de Luiz Emygdio Franco da Rosa Jr., que afirma na edição de 2000 revendo posição anterior: "A falência do sacado não acarreta vencimento antecipado da letra de câmbio porque o Art. 19, I, do Decreto nº 2.044/1908 refere-se somente ao aceitante". Op. cit., p. 339.

A questão que surge é se com a adoção da reserva do art. 10 do Anexo II, que faculta a determinação precisa daquela situação, em não havendo disciplina na lei cambial brasileira, não se teria incorporado aquela hipótese. O presente trabalho é no sentido da permanência da referida hipótese,[305] até pelo fato de o próprio ordenamento jurídico brasileiro disciplinar a situação da falência.[306]

Dessa forma, a interpretação que se pode fazer na utilização da reserva, conjugada com o disposto na Lei Uniforme e na Lei Cambial brasileira, é que a situação da falência do sacado, aceitante ou não, pode receber o mesmo disciplinamento, pois havendo a reserva pelo art. 10 do Anexo II, ao Item 2 (falência do sacado, aceitante ou não) do art. 43 do Anexo I, que permite sua complementação, e sendo esta apresentada pelo ordenamento jurídico brasileiro vigente, por meio da Lei de Falências, que faz a determinação precisa da situação ou condição de falência, pode ser considerada aplicável aos dois casos de falência, tanto daquele que aceitou o título, tornando-se obrigado principal, como aquele que não aceitou, apenas foi indicado para aceitar, mas que está impossibilitado de fazê-lo.

Assim, a análise da utilização desses dispositivos da Lei Uniforme segue o mesmo raciocínio daquela efetuada no presente trabalho,[307] referente à reserva do artigo 2º do Anexo I da Lei Uniforme, no que se refere à permanência em vigor do Anexo I apesar da adoção da reserva, pois a ela não excluiu a utilização da Lei Uniforme, apenas criou a faculdade de o Brasil regula-

---

[305] No mesmo sentido, Jorge Alcibíades Perrone de Oliveira e Fran Martins prevêem as situações como casos de vencimento extraordinário ou antecipado.

[306] A Lei de Falências dispõe sobre as situações em que estará caracterizada a situação de falência. Reza seu art. 1º: "Considera-se falido o comerciante que, sem relevante razão de direito, não paga no vencimento obrigação líquida, constante de título que legitime a ação executiva." E segue enumerando os atos que caracterizam o estado de falência, dispondo: "Art. 2º Caracteriza-se, também, a falência, se o comerciante (...)"

[307] Ver II Parte, item A, subitem *a*, do presente trabalho.

mentar a matéria disposta no Anexo I, entretanto, a diferença entre aquela análise e esta é que naquela seguia-se a Lei Cambial Brasileira, e aqui, não, a Lei Cambial Brasileira, não é considerada em vigor para a situação da falência do aceitante e para a falência do sacado não-aceitante, por que, para esta última, não havia previsão, devendo-se continuar a utilizar a Lei Uniforme, em razão da reserva.

O Item do artigo objeto da reserva, ora sob análise, em sua parte final, traz outras situações como a da suspensão de pagamento, mesmo que não constatada por sentença ou de ter sido promovida a execução dos bens do sacado, ainda que sem resultado. Estas duas situações merecem, também, uma análise quanto a sua interpretação.

Verificando que a reserva do art. 10 do Anexo II prevê a possibilidade da definição, por lei nacional, das situações dispostas no art. 43, nº 2, do Anexo I, tem-se que buscar no ordenamento jurídico brasileiro os dispositivos que regulamentem a matéria, lembrando que, no que tange à parte inicial (falência do sacado) do referido número 2 do artigo, já foi examinado, resta somente a análise da sua parte final.

A suspensão do pagamento pelo sacado e a execução dos seus bens, mesmo sem resultado, são situações que, pela adoção do Brasil da reserva do artigo 10, devem ser definidas ou complementadas pela legislação nacional, como foi exposto antes, quando da análise da parte inicial do artigo em questão. Seguindo esta linha de raciocínio, deve-se buscar na Lei Cambial brasileira a regulamentação, se não restou revogada completamente, ou no ordenamento jurídico brasileiro no seu todo.

Analisando na antiga Lei Cambial nada consta a respeito destas duas situações que são desconhecidas daquele regulamento. Como já afirmado, anteriormente, o art. 19 da Lei Cambial Brasileira apenas prevê como situações para o vencimento antecipado a falta ou recusa do aceite e a falência do aceitante. Não há qualquer alusão à possibilidade de vencimento antecipado em outras circunstâncias. Da mesma forma que no ordenamento jurídico, analisado como um conjunto, não existem normas sobre o exercício de ação contra os demais coobrigados, em caso de suspensão dos pagamentos pelo sacado, ainda que não constatada por sentença, tampouco sobre a execução dos bens do sacado, mesmo que sem resultado.

Não há no Direito Brasileiro disciplinamento jurídico que caracterize a suspensão dos pagamentos.[308] A *"determinação da situação"* prevista no art. 43, nº 2 – suspensão dos pagamentos – sob análise, ficou a cargo da legislação nacional brasileira, eis que o Brasil adotou a reserva.

Não se consegue precisar o momento em que, efetivamente, ocorre a suspensão do pagamento,[309] e a própria lei cambial não oferece informações, entretanto, pode-se entender que "a suspensão de pagamento outra coisa não é que a impontualidade para com dois ou mais credores".[310]

Assim, é possível elaborar que a suspensão equivale a não-pagamento, que, por conseqüência, caracteriza

---

[308] Luiz Emygdio, que entende que o referido dispositivo não está em vigor no Brasil, afirma: "a nossa lei falimentar não prevê como presunção de insolvência do empresário comercial, pois o direito falimentar brasileiro presume tal insolvência no caso de impontualidade (LF, art. 1º) e nas hipóteses do art. 2º, onde não se enquadra a mencionada suspensão de pagamentos." FRANCO DA ROSA JR., Luiz Emygdio. Op. cit., p. 339.

[309] O termo suspensão leva a concluir que trata de não-pagamento de dívidas, podendo o comerciante ter diversos tipos de credores, entre eles os fiscais, os trabalhistas, os com garantia real etc., não se podendo precisar a qual categoria a suspensão apontada pela LUG pretendia alcançar, ou se a qualquer delas. Contudo, a situação da suspensão é uma figura que não existe definida no ordenamento jurídico nacional, tampouco, existe critério para sua definição. Para a aplicação aos títulos de crédito deveria ter uma lei disciplinando sua incidência, sob pena de não se poder compreender o alcance da situação e ter que entender a referida reserva como vazia, entendida como aquela cuja matéria foi prevista mas não regulada, dependendo de lei posterior para que produza efeitos. Para evitar a sua não-incidência, deve-se recorrer aos métodos interpretativos e tentar buscar no próprio ordenamento jurídico uma solução.

[310] TEIXEIRA DE FREITAS. *Aditamentos ao Código de Comércio*. Rio de Janeiro, 1878, vol. I, p. 1.086, apud Werter Faria. Op. cit., p. 31.

impontualidade, permitindo a caracterização da situação de falência.[311] Aqui, tem-se, apenas, que cuidar para não haver uma generalização, pois a lei pretende ver executados os devedores indiretos antes do vencimento do título.

Desta forma, não se pode dizer que a suspensão ocorra em razão daquele título que se pretende executar, e sim de outra obrigação, pois é justamente, a caracterização dessa suspensão de pagamentos que permitirá a execução dos devedores de regresso antes do vencimento do próprio título a ser executado.

Se, assim entendido, que a caracterização da situação da suspensão e pagamentos pode ser abrangida pelo conceito de falência, poder-se-ia afirmar que, então, a referida situação teria uma previsão legal. O fato de a suspensão representar o não-pagamento, caracterizando a impontualidade ensejadora da falência por si só, não faz presumir que o ordenamento jurídico brasileiro tenha previsto a situação e assim, estaria em pleno vigor o referido dispositivo.

A lei cambial brasileira não previa a situação, tal fato não tem o condão de impossibilitar que lei posterior crie nova hipótese. A questão se pôs pelo fato de que a Lei Uniforme (lei posterior) apresentou a hipótese, mas, pela Reserva do Anexo II, criou a possibilidade de se voltar para buscar a determinação da situação – suspensão de pagamentos – na lei anterior ou posterior. Como, no caso, não há lei posterior à Lei Uniforme, a busca seria na lei anterior que, como já exposto, não dispõe sobre a referida situação, razão pela qual alguns doutrinadores entendem que o referido artigo não está em vigor no Brasil.[312]

---

[311] Werter Faria incluiu a situação da suspensão de pagamento no conceito de falência, afirmando: "O inadimplemento de duas ou mais dívidas configura a cessação dos pagamento. (...) Por isso incluímos o concurso de credores, junto com a liquidação extrajudicial, no conceito de falência." Id., ibid., p. 31.

[312] Amador Paes de Almeida afirma: "Fazemos séria restrição ao vencimento por antecipação na ocorrência de suspensão de pagamentos, ainda que não constatada por sentença, por entendê-lo inequivocamente inaplicável no di-

Na mesma linha de interpretação seguida pelo presente trabalho, tem-se que permanece em vigor o art. 43, apesar da reserva, eis que, a mesma não visa à exclusão da referida situação, mas tão-somente, a sua complementação, ou melhor, ao disciplinamento da referida situação apresentada pela Lei. Assim, não se pode simplesmente ignorar o disposto na norma, fazendo todo o trabalho de conjugação dos anexos com a legislação brasileira, para concluir pela não-vigência do dispositivo. O referido dispositivo pode ser entendido como em vigor, mesmo com a incidência da reserva sob análise neste item.[313]

Há entendimento no sentido de que, enquanto não forem editadas normas referentes a essas situações, deve-se continuar aplicando a Lei Uniforme, em virtude de a reserva não ter pretendido a exclusão da situação, criada pelo estatuto uniforme.[314]

A situação, nesse ponto, é diferente daquelas apresentadas anteriormente, em que havia a previsão na lei anterior; contudo, tendo ela sido revogada, dever-se-ia seguir a Lei Uniforme, ou não havia a previsão na lei anterior mas disciplina no direito brasileiro, devendo, também, considerar em vigor a Lei Uniforme. No momento, tem-se que a lei anterior não prevê a hipótese, nem há outra lei que tenha disciplinado a matéria. Surge uma situação de lacuna, criada pela Lei Uniforme, que deve ser solucionada pelo intérprete da lei, o que será objeto do próximo subitem deste estudo.

---

reito brasileiro." PAES DE ALMEIDA, Amador. *Teoria e Prática dos Títulos de Crédito*. São Paulo: Saraiva, 1997, p. 34. No mesmo sentido, REQUIÃO, Rubens. *Curso de Direito Comercial*. Op. cit., p. 548.

[313] O entendimento exposto não é unânime na Doutrina, há muitas interpretações. Pedro Sampaio afirma: "Enseja, pois a matéria reservada, desejo de impedir a vigência dos números 2 e 3 do artigo 43 e das alíneas 5ª e 6ª do artigo 44 do Anexo I. (...) supressas essas disposições pela só subscrição da reserva, voltou a matéria aqui ventilada a ter a disciplina do nosso normativismo específico interno." SAMPAIO, Pedro. Op. cit., p. 45/46.

[314] Afirma Fran Martins que: "O governo brasileiro, como já foi dito, faz reservas a esses dispositivos, mas não existindo norma no direito positivo brasileiro aplicável à matéria, achamos que os mesmos estão em vigor, até serem posteriormente reformados." MARTINS, Fran. Op. cit., 1998, p. 177.

No que se refere à execução promovida sem resultado, cabe destacar que igualmente à hipótese da suspensão de pagamentos não há previsão na legislação cambial brasileira.[315] Assim, com a adoção da Lei Uniforme e suas reservas, em especial a prevista no art. 10, Anexo II, coube a legislação nacional fazer a *"determinação precisa"* da situação da execução promovida sem resultado dos bens do sacado aceitante ou não.

Como já afirmado anteriormente, não há dispositivo legal prevendo a situação da promoção sem resultado da execução dos bens do sacado, aceitante ou não. Com a caracterização desta situação,[316] seria possível o exercício do direito de regresso antes do vencimento após a apresentação do título ao sacado ou aceitante.

A Lei Uniforme criou essa situação hipotética baseada na instabilidade econômica do sacado, pois mesmo ele sendo executado, ainda que sem resultado, já demonstra que uma certa instabilidade, não havendo a certeza ou garantia do pagamento na data aprazada, assim, justificaria a possibilidade da tentativa de buscar receber antes do prazo. Contudo, para que tal ocorra, é necessário fixar exatamente o momento em que se determina a existência de execução dos bens do sacado sem resultado.[317]

---

[315] Diz Werter Faria que "Na falta de definição desses casos na L. n. 2.044 e de lei posterior em que sejam caracterizados com precisão, estamos em pé de igualdade com os países que não fizeram a reserva." FARIA, Werter. *Revista Forense*. Op. cit., p. 31.

[316] A situação jurídica da execução frustrada poderia surgir quando proposta uma ou mais execuções contra o mesmo devedor e restasse comprovado que esse devedor não teria mais bens para garantir o cumprimento das suas obrigações. Assim, transportando tal situação para o direito cambiário, poder-se-ia pensar que se o portador constatasse (já que o processo é público) que o sacado ou aceitante estivesse sofrendo mais de uma execução por dívidas vencidas, antes da sua, e que elas restaram frustradas, não há patrimônio suficiente, não haveria lógica para fazê-lo aguardar até a época do vencimento do seu título para exigir o pagamento, porque desde o momento que tomou conhecimento da execução frustrada sabe que não receberá do sacado ou aceitante, seria, assim, inteligente permitir, como faz a Lei Uniforme, executar antecipadamente o título, para receber dos obrigados indiretos.

[317] A dificuldade surgiria daí, em determinar com precisão qual o momento em que se caracteriza a situação, pois que não existe protesto por execução frustrada, e como se sabe o protesto é o único meio de prova no direito cambiário.

Não existindo norma referente ao assunto na lei cambial brasileira, deve-se, seguindo a mesma orientação buscada para o caso da suspensão de pagamentos, localizar no ordenamento jurídico a solução.

A caracterização da situação de execução sem resultado dos bens do sacado ou aceitante, pode ser demonstrada pela inexistência de bens suficientes para o pagamento integral do credor,[318] ainda que não tenha resultado de sentença.

A Lei prevê *"promovida sem resultado a execução dos bens"*, ou seja, deve-se entender que houve já a propositura de ação e que mesmo sem a devida sentença já se constatou a impossibilidade do pagamento da dívida.

Essa falta de bens pode ser evidenciada pela penhora dos bens em processo de execução, quando não bastem os encontrados.[319] Assim, o estado de instabilidade econômica pretendido pela Lei Uniforme estaria caracterizado pela inexistência de bens suficientes para o pagamento das dívidas.[320]

Destaca-se que a simples constatação da insuficiência de bens penhorados não basta para a caracterização do estado falimentar, eis que a Lei de Quebras exige a efetiva omissão do devedor em indicar bens à penhora.[321]

Tem-se entendimento no sentido de que a "execução infrutífera reduz-se a duas situações de fato: numa, a dívida excede o valor dos bens penhorados; na outra, a penhora não se executa pela evidência de que o produto dos bens encontrados basta apenas ao pagamento das custas do processo".[322] Entretanto, o referido posiciona-

---

[318] FARIA, Werter. *Revista Forense*. Op. cit., p. 31.

[319] Id., ibid., p. 31.

[320] Araken de Assis informa que a execução é infrutífera quando falta bens à penhora, o que caracteriza o efeito suspensivo, anterior à extinção da execução frustrada, previsto no Art. 971, II do Código de Processo Civil Brasileiro. ARAKEN DE ASSIS, Op. cit., p. 916 e 1079.

[321] FARIA, Werter. *Revista Forense*. Op. cit., p. 31.

[322] Id., ibid., p. 31.

mento não é seguido pela maioria da doutrina, apesar de ser bastante relevante.[323]

O sentido apresentado no presente trabalho se coaduna com o posicionamento acima, eis que, não havendo na legislação cambial disposição sobre o assunto, não se pode simplesmente esquecer o resto do ordenamento jurídico, que pode trazer não só o disciplinamento como em alguns casos apresentar soluções similares que podem ser perfeitamente ajustáveis.

Verificando, novamente, a expressão utilizada pela Lei Uniforme *"ter sido promovida sem resultado a execução"*, constata-se que ela está a referir-se especificamente a ter sido proposta uma ação, ou ter tido uma ação.

E mais, quando afirma *"sem resultado"* essa expressão, pode ser entendida como ação sem sentença, sem conclusão. Contudo, não parece ser o espírito que a lei quiz dar. Se efetivamente pretendesse estancar dúvida sobre a finalização da ação, poderia a lei ter referido "sem sentença", mas não o fez, pois informando "ter sido promovida" parece já apontar para o fato de a ação já estar concluída. Assim, é possível entender que o "sem resultado" esteja diretamente ligado ao sentido que não haver como resolver a situação da execução, podendo entender que a execução seria frustrada, inexitosa ou infrutífera, devido à inexistência de bens. É neste sentido que o tema aqui é apresentado, ou seja, que a Lei Uniforme pretendeu criar a possibilidade de executar os devedores indiretos, antes do vencimento, se o sacado ou aceitante tivesse sido executado, e a demanda resultasse sem êxito.

A determinação precisa desta situação não é apresentada claramente pelo ordenamento jurídico que apenas tem situação semelhante, podendo ser aplicada ao caso, entretanto, a não-previsão específica da situação

---

[323] A doutrina que acolhe a vigência do art. 43, n° 2, da Lei Uniforme não tece maiores comentários, limitando-se a afirmar sobre a vigência.

ou do momento em que mesma é caraterizada,[324] ou como efetivamente caracterizá-la, podendo, assim, dar a entender que a Lei Uniforme criou uma lacuna.

Não resta dúvida de que a situação posta pela lei carece de regulamentação, sob pena de permitir diversas interpretações, o que inclusive já se verifica, pois até o presente momento não há unanimidade sobre o assunto.

Então, na mesma linha de interpretação seguida pelo presente trabalho e como acima informado, tem-se que permanece em vigor o art. 43, apesar da reserva, que não pretendeu excluir a situação,[325] apenas complementá-la. O disposto na norma, mesmo exercendo a faculdade da reserva, não perdeu sua vigência.

Verificadas as situações previstas no n° 2 do art. 43 do Anexo I, que em razão da reserva do art. 10 do Anexo II mereciam complementação de suas situações, e analisadas as implicações decorrentes, concluindo pela permanência em vigor do artigo, resta apenas a análise da última situação no referido art. 43.

No n° 3 do art. 43 do Anexo I, está outra situação que foi, também, objeto de reserva pelo art. 10 do Anexo II. É apresentada a falência do sacador na letra não-aceitável.[326]

A letra não-aceitável é aquela "em que o sacador pode proibir, no próprio título, a apresentação para aceite do sacado".[327] Assim, o título não deverá ser apresentado para o aceite antes do vencimento. Pode ocorrer de o tomador apresentá-lo para aceite antes da

---

[324] Quanto ao momento da verificação da situação de execução sem resultado, diz Werter Faria que seria o dia da avaliação dos bens penhorados ou da abstenção da penhora. Revista Forense. Op. cit., p. 31.

[325] A afirmação não é aceita pela totalidade da Doutrina. Neste sentido, FARIA, Werter. *Ações Cambiárias.* Porto Alegre: Fabris, 1987, p. 76, 143 e 145.

[326] Diz Emygdio que "o sacador pode proibir a apresentação da letra de câmbio ao aceite do sacado" (cláusula não-aceitável) e mais adiante acrescenta "a aposição da cláusula proibitiva da apresentação da letra é privativa do sacador porque é quem manifesta, pelo saque, a declaração cambiária originária." FRANCO DA ROSA JUNIOR, Luiz Emygdio. Op. cit., p. 171-172.

[327] MARTINS, Fran. Op. cit., 1998, p. 141.

data prevista para pagamento, e o sacado, indicado como aceitante, concordar em pagar no vencimento. Não terá conseqüência qualquer a referida cláusula aposta; todavia, se, não obstante a presença da cláusula proibitiva de apresentação para aceite, o portador levar ao conhecimento do sacado o título para que ele manifeste sua intenção, e se ele não aceitar, não poderá o portador encaminhar o título a Cartório para protesto, pois a razão da proibição é dupla, segundo entendimento apresentado na doutrina,[328] porque com a consignação da referida cláusula proibitiva, o sacador se previne contra a possibilidade de ser chamado antes do vencimento a pagar,[329] o que ocorreria se houvesse a apresentação ao sacado e ele recusasse; e, segundo, porque pode o sacado estar disposto a pagar somente no vencimento, dependendo de certas circunstâncias que não aconselham a assumir a obrigação desde logo.

Esse tipo de letra inexistia na antiga legislação brasileira, ou melhor, não era possível, conforme dispunha o art. 44, inc. III, do Decreto nº 2.044/08:

> "Para os efeitos cambiais, são consideradas não escritas:
> III - a cláusula proibitiva da apresentação da letra ao aceite do sacado"

A lei brasileira não aceitava a possibilidade de o sacador impedir a apresentação do título ao sacado antes do vencimento. Sendo inserida a referida cláusula, era considerada não-escrita.

Com o advento da Lei Uniforme, restou revogado o art. 44, inc. III, do Decreto 2.044/08, por ser incompatível com a nova legislação, pois o estatuto uniforme admite, expressamente, a criação de letra não-aceitável, ou seja, da possibilidade de o sacador impedir a apre-

---

[328] PERRONE DE OLIVEIRA, Jorge Alcibíades. Op. cit., p. 101.

[329] No mesmo sentido é Fábio Coelho que afirma que a recusa do aceite, seja total ou parcial, traz conseqüências para o sacador que fica sujeito a pagar imediatamente após a recusa, então a lei lhe faculta a possibilidade de evitar o a antecipação. COELHO, Fábio Ulhoa. Op. cit., p. 393.

sentação do título ao sacado antes do vencimento, como informa o art. 22 do Anexo I do Decreto nº 57.663/66:

"O sacador pode, em qualquer letra, estipular que ela será apresentada ao aceite, com ou sem fixação de prazo. Pode proibir na própria letra a sua apresentação, salvo se tratar de letra pagável em domicílio de terceiro, ou de letra pagável em localidade diferente da do domicílio do sacado, ou em letra sacada a certo termo de vista. O sacado pode também estipular que a apresentação ao aceite não poderá efetuar-se antes de determinada data. Todo endossante pode estipular que a letra deve ser apresentada ao aceite, com ou sem fixação de prazo, salvo se ela tiver sido declarada não aceitável pelo sacador."

Admitindo a Lei Uniforme a letra não-aceitável, que não contém um obrigado principal, eis que não poderá ser apresentada para o sacado aceitá-la,[330] apenas obrigado de regresso, como o sacador, que será compelido a pagar, se na data do vencimento o sacado não o fizer, ter-se-á que o sacador é um devedor, um obrigado de regresso no título. Como devedor, seu patrimônio garantirá sua dívida; todavia, ocorrendo a falência deste obrigado, incidirá a mesma regra da falência para qualquer obrigado, vencerá antecipadamente a dívida.

É forçoso pensar que, se o patrimônio do devedor é a garantia do credor, tendo ele perdido a administração de seus bens com a sentença declaratória,[331] da mesma forma ele perderá a possibilidade de escolher qual o credor que deseja pagar primeiro.[332] Com a falência, abrir-se-á o concurso de credores, devendo todos ser

---

[330] "A proibição da apresentação da letra de câmbio prende-se, exclusivamente, ao aceite, e assim, o portador deverá, no vencimento, apresentar o título ao sacado parta pagamento e comprovar a recusa pelo protesto." FRANCO DA ROSA JR, Luiz Emygdio. Op. cit., p. 172.

[331] Esse é um dos efeitos da falência como ensina Bessone: "no estado (de direito) de falência, o falido perde a gestão do próprio patrimônio." BESSONE, Darcy. *Instituições de Direito Falimentar*. São Paulo: Saraiva, 1995, p. 92.

[332] Cabe ao Síndico efetuar os pagamento seguindo a ordem de prioridades estabelecida na lei, conforme estatuto falimentar.

pagos de acordo com a ordem estabelecida pela Lei. Incidirá sobre todos os credores e dívidas as normas falimentares.[333] Assim, tendo o sacador-devedor da Letra não-aceitável sua falência decretada, suas dívidas, por força dos dispositivos legais pertinentes à matéria falimentar, vencerão antecipadamente, ou melhor, haverá a possibilidade da cobrança dos demais obrigados de regresso antes da data prevista no próprio título.

Pelo que, cabe afirmar, com a introdução da Lei Uniforme de Genebra no ordenamento jurídico brasileiro, adotou-se a letra não-aceitável, e, por força da reserva do art. 10 do Anexo II do Decreto nº 57.663/66, tem-se a competência de cada uma das Altas Partes Contratantes para determinação precisa da situação disposta no nº 3 do art. 43 do Anexo I.

Neste caso, a situação apresentada no Anexo I era prevista pela lei brasileira, porém não era admitida. Todavia, restou revogada neste ponto, quando da introdução da Lei Uniforme, por tratar de forma diversa a matéria. Já analisados os efeitos da revogação tácita, não carece de maiores esclarecimentos, apenas urge lembrar que o Anexo II permite a complementação da matéria pela legislação nacional, que não admitia a situação, porém a lei mais nova cria a letra não aceitável, devendo ser entendida como em vigor a lei mais nova.

Assim, é permitido afirmar que a situação existe e receberá complementação pelos dispositivos da lei falimentar em vigor, tal qual ocorre com a falência do sacado, aceitante ou não. A mesma orientação deve ser obedecida, isto é, a reserva não visa a excluir do sistema a situação,[334] mas apenas abre a possibilidade de o país

---

[333] Com a falência estabelece-se o Juízo Universal pois "o juízo da falência é indivisível porque compete para todas as ações sobre bens e interesses da massa falida, com aliás, enfatiza o art. 7º, § 2º da Lei Falimentar". PAES DE ALMEIDA, Amador. *Curso de Falência e Concordata*. Op. cit. p. 141.

[334] Este entendimento não é unânime. Otávio Médice afirma que: "(...) matéria reservada compõe-se de normas estranhas à tradição cambiária nacional, motivo por que ficam elas dentro da mesma faculdade, na dependência de futuro provimento legal próprio, se fizer necessária a medida. Enquanto isso, a matéria da Lei Uniforme alcançada pelas reservas perde a vigência." MÉDICE, Otávio. Op. cit.

contratante complementar ou fazer a "*determinação precisa*" da situação prevista pela Lei Uniforme. Salienta-se que se deve interpretar entendendo que persiste a referida situação da falência do sacador na letra não-aceitável, que deve ser complementada pela leitura dos dispositivos da lei falimentar, que prevê o vencimento antecipado das obrigações do falido. Está claro que não será possível a complementação pela Lei Cambial Brasileira, pois a mesma impedia a existência desse tipo de letra. Assim, na mesma linha de raciocínio seguido no presente trabalho, deve-se buscar no ordenamento jurídico nacional a existência de norma regulamentadora, até que seja elaborada lei cambial própria.

Verificando no ordenamento jurídico, encontra-se a legislação sobre falência, já analisada acima, que serve perfeitamente para a constatação do estado falimentar e da possibilidade do vencimento antecipado do título, pela falta de disponibilidade e liberdade sobre os bens do falido, que seguirá uma ordem de preferência para o pagamento dos credores.

É certo que a lei falimentar não trata especificamente da figura de um obrigado de regresso, contudo, é perfeitamente adaptável a sua caracterização para a situação prevista no Estatuo Uniforme. Não parece que a reserva do art. 10, Anexo II, visasse a excluir o exercício do "direito de regresso antecipado, sempre que se reconhecesse ou se pudesse provar a existência duma situação econômica do devedor correspondente à da falência".[335]

Neste caso, até se poderia levantar a possibilidade da existência de uma lacuna, eis que não há previsão de falência do sacador na letra não aceitável,[336] segundo a lei cambial brasileira, o que obrigaria a uma outra análise; entretanto, a solução aqui apresentada, que

---

[335] PINTO COELHO, J. G. *Suplemento às Lições de Direito Comercial.* 2. ed. Lisboa, 1962, p. 69.

[336] TEROL, Francisco. *La aceptación de la letra de cambio.*Madrid: Editorial Tecnos. 1976, p. 78-80.

trata o sacador da letra não-aceitável como um obrigado equiparado ao sacado não-aceitante, que, por sua vez, é igualado a um obrigado qualquer que deixa de cumprir sua obrigação, na data aprazada caracterizando a impontualidade. Isto é suficiente para esclarecer a possibilidade de aplicação da Lei Uniforme, conjugando-a com a Lei de Falências.

Conclui-se, pelo estudo da reserva do art. 10 do Anexo II, que não obstante a utilização da faculdade da referida reserva sobre o disposto nos n$^{os}$ 2 e 3 do art. 44 da Lei Uniforme, eles mantêm-se em vigor, pois a complementação de suas matérias ou está prevista na lei cambial brasileira ou no ordenamento jurídico, e mesmo que não haja previsão para a sua *"determinação precisa"*, persiste a vigência dos dispositivos uniformes em razão da natureza da reserva, que não é derrogatória, agregada ao fato da previsão na legislação posterior de situação nova.

Assim, pela análise da reserva apresentada no artigo 10 do Anexo II, que relaciona a matéria prevista nos n$^{os}$ 2 e 3 do artigo 44 do Anexo I, pode-se concluir que permanece em vigor o dispositivo da Lei Uniforme, ainda que exercida a faculdade da reserva do Anexo II, contudo das situações apresentadas, e que devem ser complementadas pela determinação precisa dos seus conteúdos, somente a suspensão do pagamento e a execução sem resultado do sacado é que não têm completo disciplinamento, pois não encontram resposta nem na lei cambial brasileira, nem em todo ordenamento jurídico brasileiro, fazendo surgir a situação de lacuna que merece uma análise em seqüência.

## 5.2. As Lacunas deixadas pela Legislação Uniforme

Após um rápido estudo da incidência da reserva do art. 10 do Anexo II, decorrente da adoção do sistema de reservas, verifica-se que na aplicação da referida reserva que se refere ao conteúdo apresentado pelo art. 43, n°s 2 e 3 do Anexo I do mesmo diploma legal, tem-se o aparecimento da figura da lacuna.

Para resolução deste problema da lacuna legal é preciso saber o que se entende por lacuna. Pelo verbete do Vocabulário Jurídico,[337] tem-se que:

> "LACUNA. Derivado do latim lacuna, em sentido propriamente jurídico quer significar falha, omissão, vazio. Exprime, assim, o que não está previsto, não foi consignado ou não foi estabelecido. Desta forma, as lacunas, relativamente às leis, mostram-se falta de menção a respeito de certos fatos, que, assim, não foram objeto de uma regra ou de uma referência."

A lacuna aparece quando diante de determinada situação seja necessário uma solução jurídica, e a legislação não apresente qualquer solução que se adapte ao caso, ou seja, havendo uma exigência do Direito que não encontre respaldo na ordem jurídica vigente.

A expressão "lacuna" concerne a um estado incompleto do sistema,[338] trazendo a idéia de falta ou falha de conteúdos de regulamentação.[339] Pode-se dizer, então, que a lacuna é um vazio deixado pela lei, que pode surgir da omissão ou do silêncio da lei.

Não se pretende entrar na discussão sobre as lacunas, se existem ou não no sistema,[340] ou se são inerentes a ele. Para esta análise, tomar-se-á a lacuna como existente na lei.[341] Também não se pretende analisar as di-

---

[337] DE PLÁCIDO E SILVA. Op. cit., p. 474.

[338] DINIZ, Maria Helena. *As Lacunas no Direito*. São Paulo: Saraiva, 1995, p. 29.

[339] "Uma lacuna é uma incompletude insatisfatória no seio de um todo". ENGISCH, Karl. *Introdução ao Pensamento Jurídico*. 6. ed. Lisboa: Fundação Calouste Gulbenkian, 1983, p. 276.

[340] Há autores que negam a existência de lacunas no sistema jurídico, como é o caso de Hans Kelsen; outros, como Paulo Dourado Gusmão, entendem que o direito positivo contém lacunas.

[341] "...Isso já demonstra a existência de tais lacunas na Lei, para cuja integração o Direito Positivo coloca à disposição valores suficiente". CANARIS, Claus-Wilhelm. *Pensamento Sistemático e Conceito de Sistema na Ciência do Direito*. Lisboa: Fundação Calouste Gulbenkian, 1989, p. 237.

versas classificações[342] dos tipos de lacunas possíveis de encontrar; não se irá aprofundar o assunto, apenas, brevemente, cita-se que será adotado o seguinte entendimento: lacuna, dita normativa, quando houver ausência de norma, quando não houver previsão legal para a situação concreta; lacuna ontológica, quando, apesar de existente a norma, ela necessita de complementação referente aos conceitos apresentados; e lacuna axiológica, quando a lacuna decorrer da existência de um preceito jurídico, mas que, se aplicado ao caso concreto, não retrata satisfatoriamente a justiça pretendida.[343]

Sendo a lacuna um problema referente à lei, necessita ser pelo menos mencionado, até porque o juiz, segundo princípio de Direito, não pode esquivar-se de julgar sob alegação de lacuna, tem que reconhecê-la e tentar solucioná-la.[344] É claro que este problema vai interessar mais ao aplicador direto da lei; entretanto, como aqui está se fazendo uma análise dos problemas surgidos pela aplicação conjugada do sistema de reservas da Lei Uniforme e da Lei Brasileira, não se poderia omitir a questão, ainda que o presente não tenha a intenção de esgotar o tema.

Diante desses breves esclarecimentos sobre a existência da lacuna e seus tipos, pode-se seguir para a constatação da existência de lacunas criadas pelo "sistema de reservas", apresentado pela Convenção para adoção de uma Lei Uniforme sobre Letras de Câmbio e Notas Promissórias.

No caso da reserva prevista no artigo 10 do Anexo II, que prevê a possibilidade de cada uma das Altas Partes Contratantes complementarem as situações pre-

---

[342] CIRNE LIMA, Rui. *Lacunas e Conflitos de Leis*. Porto Alegre: Sulina, 1963, p. 12/13. Segundo ele, as lacunas podem ser classificadas como *ab extra* e *ab intra*, conforme a relação em que se encontram com a estrutura do ordenamento jurídico. BOBBIO, Norberto. *Teoria dell'ordenamento giurídico*, p.125-184, que trata como lacuna ideológica, imprópria ou objetiva, e lacuna real, propriamente dita ou subjetiva.

[343] DINIZ, Maria Helena. *As lacunas...* Ob. cit., p. 97.

[344] Para ler mais sobre lacuna da lei, ver LARENZ, Karl. *Metodologia da Ciência do Direito*. 2.ed. Lisboa: Fundação Calouste Gulbenkian, 1983, p. 447 e segs.

vistas nos n^{os} 2 e 3 do art. 43 da Lei Uniforme, constatou-se, na análise feita no item anterior do presente trabalho, que, mais especificamente no caso do item n° 2 do referido artigo, é possível visualizar a situação de lacuna. Eis o que dispõe o referido item:

> "Nos casos de falência do sacado, quer ele tenha aceite, quer não, *de suspensão de pagamento do mesmo, ainda que não constatada por sentença, ou ter sido promovida, sem resultado, execução dos seus bens*".

Assim, verifica-se que a Lei Uniforme prevê duas determinadas situações no presente caso: a suspensão do pagamento pelo sacado e a execução dos bens do sacado sem resultado, que, em adotando a reserva referente ao artigo em questão, permite a complementação do disposto no Estatuto Uniforme, pela Lei Brasileira. Assim, deve-se realizar pesquisa junto à legislação nacional, conforme foi demonstrado nos itens anteriores do presente estudo, e, assim o fazendo, não se encontrará a previsão da referida situação,[345] o que caracterizará a existência de uma lacuna.

A norma no Anexo II determina a complementação do conteúdo, ou seja, está criando a possibilidade de a legislação nacional melhor explicar aquela situação prevista na Lei Uniforme. Então, não é uma reserva excludente e, sim, uma reserva de complementação.[346] Assim, a situação prevista na Lei Uniforme persiste como preceito hipotético. O que fica pendente é, justamente, a possibilidade criada pela reserva do Artigo 10 do Anexo II.

Pode-se afirmar que não há lacuna propriamente normativa da situação de regresso antes do vencimento, mas, sim, da explicitação do conteúdo, ou melhor, da forma de configuração daquela situação não há previsão legal da situação concreta.

---

[345] Neste sentido, MAGALHÃES, Roberto Barcellos. *Tratado de Direito Cambiário*. 2.ed. São Paulo: Editora Jurídica e Universitária, 1972, v. 2, p. 67-68.
[346] Ver I Parte, item A, subitem *b*, do presente trabalho.

Para melhor argumentar, diz-se que há possibilidade de exercer o direito de regresso antes da época prevista para o vencimento, nos casos em que ocorrer a suspensão do pagamento pelo sacado, ou nos casos em que, tendo sido promovida sem resultado, há a execução dos seus bens. Mas, quando se caracteriza esta situação? É preciso determinar exatamente o momento em que se manifesta a suspensão do pagamento, ou se revela frustrada a execução dos seus bens.[347] Justamente, aqui, é que entraria a Lei Brasileira para disciplinar a matéria, de acordo com o permissivo disposto na reserva, objeto de análise no subitem anterior, cuja conseqüência ora se estuda.

Ocorre que, na Lei Cambial brasileira, não há previsão dessas duas situações (suspensão de pagamento e execução, sem resultado, dos bens do sacado); tampouco, em todo o ordenamento jurídico brasileiro haja regulamentação desta caracterização. Não há lei ou dispositivo legal que informe quando e como ocorre, como se caracteriza a suspensão dos pagamentos, se basta uma única vez, para um ou mais credores. Como é possível verificar, enfim, falta norma, não há esta complementação. É possível tentar adaptar a situação equacionando sobre a intenção, a pretensão da Lei Uniforme. O interesse a que visava resguardar seria do credor, que diante da suspensão de pagamentos pelo sacado (aceitante ou não) poderia obter o pagamento da letra através dessa comprovação e do exercício do direito de regresso antecipadamente. Mas não há efetivamente norma que discipline quando realmente ocorre ou que está caracterizada a suspensão de pagamentos. Além do mais, a suspensão de pagamentos pelo sacado não-aceitante, sequer há registro dessa situação até porque ele não é obrigado. Assim, não sendo obrigado e deixando de efetuar pagamentos, o que caracterizaria a sua insuficiência econômica ou sua vulnerabilidade para assumir obrigações através do aceite na letra? Não parece ser

---

[347] FARIA, Werter R. *Revista Forense*. Ob. cit., p. 31.

coerente igualá-lo ao sacado aceitante que já é obrigado. E, neste caso, sua eventual suspensão de pagamentos poderia caracterizá-lo como vulnerável economicamente, podendo, a título de garantia, justificar a exigibilidade antecipada do valor referente à letra dos obrigados de regresso. Contudo, é de observar que, apesar de uma ou outra situação ser mais próxima da configuração de insubsistência econômica, não estão previstas na legislação falimentar como caracterizadoras do estado falimentar, não havendo previsão para sua incidência.

Da mesma forma, no que tange à execução sem resultado dos bens do sacado, não se tem dispositivo a respeito de como caracterizar o momento em que se configura esta situação. Não há previsão legal, falta norma regulamentadora. Pode-se até fazer tentativas de encontrar uma complementação seguindo o exposto no subitem anterior, em que se fez uma associação da execução sem resultado com a penhora, com a falta de bens para penhorar ou sendo eles suficientes para pagar as custas judiciais, entretanto, não há exatamente uma norma propriamente referente. É possível entender, ainda, a execução sem resultado como execução infrutífera, frustrada que neste caso geraria o entendimento de que o devedor estaria em estado de vulnerabilidade econômica, que por sua vez estaria dentro do espírito da lei falimentar, ou melhor, das situações que a lei falimentar pretende abranger como atos caracterizadores do estado de falência, porém, analisando melhor a letra da lei de quebras verifica-se que tal situação não está definida nestes termos.

Como não há norma, diz-se que há lacuna. A melhor maneira para a efetiva compreensão e caracterização do momento em que ocorre a situação para solução do problema seria a edição de uma lei disciplinando estas situações.[348] Há necessidade de lei a respeito desde

---

[348] Os autores que não aceitam a vigência dos dispositivos da Lei Uniforme que sofreram reserva entendem ser necessária a edição de legislação nacional para a vigência dos dispositivos uniformes.

o momento da entrada em vigor, como lei interna da Lei Uniforme; contudo, nunca houve interesse dos legisladores em elaborar uma lei própria sobre Letras de Câmbio e Notas Promissórias, com base nos ditames do Estatuto Uniforme. Esta seria a melhor maneira de aplicar concretamente a Convenção adotada.

A exemplo do que ocorreu com a Lei do Cheque, que também teve o mesmo problema do sistema de reservas, todavia, toda problemática da aplicabilidade das normas relativas ao Cheque foi solucionada com a edição da Nova Lei do Cheque, contemplando as diretrizes estabelecidas na convenção e Lei Uniforme sobre o Cheque. É o que deveria ocorrer em relação às Letras de Câmbio e Notas Promissórias.

Enquanto isso não acontece, cabe ao estudioso conviver com o problema das lacunas deixadas pela adoção da Lei Uniforme. Mas não basta que simplesmente aceite a presença da lacuna como algo inalterável sem solução, até porque, no caso do aplicador do Direito, não restará alternativa, eis que não pode se escusar de julgar. Então, resta como solução a busca pela interpretação, por meio dos diversos métodos, da melhor solução para o caso, apresentada dentro do ordenamento jurídico.

Entendendo que a lacuna da lei é um problema inerente ao sistema, que é completável ou pressupondo que ela faz parte dele, e que este deve ser o mais completo possível, pode-se concluir que a solução para o problema criado pelo próprio sistema deve ser apresentado por ele. Assim, modestamente, sem qualquer pretensão de esgotar o tema, tentar-se-á apresentar uma possibilidade de conviver com a lacuna deixada pelo Estatuto Uniforme.

Para melhor compreensão da possibilidade aqui proposta de solucionar o problema da lacuna em cada uma das duas situações destacadas aqui, apresentadas pela Lei Uniforme, far-se-á um estudo, em separado, de cada uma delas, a iniciar pela suspensão dos pagamentos pelo sacado.

No caso de suspensão dos pagamentos pelo sacado, é permitido, quiçá necessário, fazer uma interpretação literal, pela análise das palavras empregadas no dispositivo legal. A suspensão dos pagamentos significa o não-pagamento, que pode ser interpretado como não-cumprimento da obrigação, e este só surge ou só pode ser constatado após o vencimento.[349] Pelo que se pode dizer que o não-pagamento pode ser identificado com o não-cumprimento da obrigação em tempo hábil, ou, noutras palavras, pode caracterizar a impontualidade.[350] A relevância do não-pagamento é verificada quando dois ou mais credores não receberam seus pagamentos na época oportuna.[351]

Essa situação – não-recebimento por dois ou mais credores no vencimento – é uma situação prevista no ordenamento jurídico nacional e está caracterizada como impontualidade. Esta impontualidade, de acordo com a Lei de Falências em vigor, está prevista como causa de falência do comerciante,[352] conforme se lê no

---

[349] Essa situação permitiria o requerimento de falência pelo portador de título, ainda, que não vencido como exposto no art. 9º, inc. III, da Lei de Falências.

[350] Explica Amador Paes que "o que caracteriza a falência é a insolvência, revelada esta ou pela impontualidade, ou por outros atos ou fatos dela indicativos." PAES DE ALMEIDA, Amador. *Curso...* Op. cit., p. 22.

[351] No mesmo sentido Werter Faria que afirma "o inadimplemento de duas ou mais dívidas configura a cessação dos pagamentos. Esta não corresponde, por conseqüência, à situação de insolvência civil, que pressupõe situação patrimonial deficitária. Por isso incluímos o concurso de credores, junto com a liquidação extrajudicial, no conceito de falência. A suspensão dos pagamentos corresponde a uma situação de fato, assinalada pelo inadimplemento de duas ou mais dívidas. Se o devedor deixar de pagar mais de uma dívida, pela impossibilidade de realização imediata do ativo, incorre na suspensão dos pagamentos." *Revista Forense.* Op. cit., p. 31.

[352] Note-se que a falência só é cabível para o caso de o devedor ser comerciante, sendo pessoa natural, cabe o instituto do concurso de credores, que lhe é análogo, ou seja, pelo art. 954 do Código Civil é permitido ao credor cobrar a dívida antes do vencimento se abrir concurso creditório. A complementação pode-se dar pelo disposto no Código de Processo Civil, art. 748 combinado com 751, que estabelecem as regras para a declaração judicial de insolvência civil quando as dívidas excederem a importância dos bens do devedor, o que acarretará o vencimento antecipado. A insolvência tem duas

art. 1º, *caput*, do Decreto–Lei nº 7.661, de 21 de junho de 1945:

"Considera-se falido o comerciante que, sem relevante razão de direito, não paga no vencimento obrigação líquida, constante de título que legitime a ação executiva."

Assim, a impontualidade ou o não-pagamento acarreta para o comerciante a decretação de sua falência com a conseqüência do vencimento antecipado de todas as suas dívidas. Parece que é este o sentido que a norma pretende dar ao tratamento do devedor não-comerciante, criando a possibilidade de cobrar antecipadamente "sempre que se reconhecesse ou se pudesse provar a existência de uma situação econômica do devedor correspondente à da falência ainda que tal situação não tivesse sido declarada por sentença".[353]

A mesma situação de não-pagamento de um ou mais credores para a pessoa não-comerciante pode trazer como conseqüência a insolvência civil, que é caracterizada pela situação deficitária do devedor, instituto semelhante à falência.

Na verdade, a situação de não-pagamento ou suspensão dos pagamentos é um fato que demonstra o inadimplemento da obrigação, ou seja, "nada mais é que a impontualidade com um ou mais credores".[354] Se o devedor é inadimplente, ainda que não confirmado por sentença, é porque deixou de cumprir suas obrigações, tornando-se inadimplente, assumindo a possibilidade de ver, ou ainda instalado, o concurso de credores, decretada sua falência se comerciante, ou sua insolvência civil, se não comerciante.

---

regras básicas idênticas às da falência: produz o vencimento antecipado de todas as dívidas, e o insolvente perde a administração de seus bens. Assim, as regras do vencimento antecipado de um título de crédito podem ser aplicáveis tanto para os comerciantes como para os não-comerciantes, a única diferença será o texto legal aplicável ao caso.

[353] PINTO COELHO, J.G. *Suplemento às Lições de Direito Comercial.* 2.ed., Lisboa, 1962, p. 69.

[354] TEIXEIRA DE FREITAS, A. Op. cit., p. 1086.

Dessa forma, poder-se-ia arriscar a afirmar que a situação prevista no item nº 2 do art. 43 do Anexo I, e identificada neste estudo como lacuna, teria sua solução no próprio ordenamento jurídico, por meio de uma interpretação que se iniciaria pelo sentido literal das palavras empregadas no referido item, seguindo-se de outra interpretação, conjugada com a legislação existente, para se concluir possível a existência de regulamentação ou caracterização da suspensão do pagamento pelo sacado. E, assim, estaria em pleno vigor o item em questão na Lei Uniforme.

Quanto à segunda situação, execução sem resultado dos bens do sacado, prevista e identificada neste estudo como lacuna, também pode ser interpretada a exemplo da anterior, e, assim, permitir a conclusão por uma orientação na caracterização da referida situação.

Adotando o mesmo procedimento interpretativo, ou seja, pela leitura do que dispõe o item "...ter sido promovida, sem resultado, a execução...", significa que já foi proposto o processo de execução para satisfação de uma obrigação. Se esta execução é *sem resultado*, significa que não houve a satisfação da obrigação, ou seja, o credor não obteve o que lhe cabia por direito. Esta execução frustrou a expectativa do credor.

Se não houve a satisfação da obrigação por meio da execução, pode ser conseqüência da inexistência de bens suficientes para pagamento total do credor.[355] Então, redunda afirmar que, não obstante a penhora de bens, não houve condições suficientes para satisfação do crédito, pois a penhora demonstrou somente o estado patrimonial negativo do executado.[356] Pode-se afirmar, de acordo com a legislação vigente, que a simples

---

[355] Assim, em relação ao obrigado no título, ele está presumivelmente em estado de insolvência por que não está pagamento os seus credores, estando insolvente seus credores têm legitimidade para requerer sua falência. Desta forma, pode-se provar que o portador é credor de uma pessoa em estado de insolvência, cabendo, requerer a falência com base no título de crédito mesmo não vencido, trazendo como conseqüência o vencimento antecipado de todas as dívidas.

[356] FARIA, Werter. *Revista Forense*. v. 247. Ob. cit., p. 31.

constatação, pela penhora, da insuficiência de bens do devedor, não caracteriza a falência. Para esta caracterização, é necessário que o devedor tenha se omitido na nomeação de bens à penhora, como aponta o art. 2, inc. I, do Decreto Falimentar:

> "Caracteriza-se, também, a falência, se o comerciante:
> I – executado, não paga, não deposita a importância, ou não nomeia bens à penhora, dentro do prazo legal;"

Como resultado do disposto na referida lei, a execução sem resultado não é caracterizadora da situação falimentar.[357] Aquela pode ocorrer sem que seja reconhecida esta necessariamente, ou melhor, sem que se tenha instaurado o concurso de credores. É permitido afirmar que a caracterização da execução sem resultado dos bens do sacado resulta do fato, ou de a dívida exceder o valor dos bens penhorados, ou de eles não bastarem para o pagamento das custas processuais.

Verifica-se que essa caracterização da execução sem resultado não está explícita na Lei Falimentar, mas é possível, no entendimento deste estudo, apreendê-la do não-dito na situação que caracteriza a falência, apenas para fins de preenchimento da lacuna. Esta interpretação seria obtida por meio de exclusão da hipótese prevista, pois se há previsão para a situação que caracteriza a falência, e esta execução sem resultado não é uma delas, logo não necessitará da existência do estado falimentar para caracterizar a execução sem resultado.

Importa informar, então, que é possível o portador da letra emitida por devedor, que tenha sido executado

---

[357] Pode-se pensar, para aqueles que não aceitam a situação da execução frustrada como causa de vencimento antecipado, que embora a execução frustrada não seja oficialmente uma causa de determinação desse vencimento antecipado, o portador não fica sem alternativas, tem a faculdade de transformar uma situação que era de execução frustrada em falência, deslocando a situação para o campo da falência, usando o título de crédito para requerer a falência do comerciante.

sem resultado (insolvente) por outro credor, ter direito de regresso antes do vencimento, conforme dispõe o nº 2 do art. 43 do Anexo I, que, desta forma, mantém-se em vigor, apesar da vigência do disposto no art. 10 do Anexo II.

Com isso, cabe esclarecer, mais uma vez, que este trabalho não teve qualquer pretensão de encerrar o tema, apesar de apresentar uma forma de tentar solucionar a lacuna deixada pela Lei Uniforme,[358] mesmo acreditando que o melhor seria a edição de uma lei disciplinadora da matéria.[359]

É salutar afirmar que esses não são todos os problemas que a referida lei impôs. Há outros, da mesma forma que há outras lacunas advindas da utilização do sistema de reservas. Frisa-se que, neste estudo, foram selecionadas apenas três reservas somente para demonstrar a maneira de aplicar ou não a Lei Uniforme. Reforça-se, também, que a solução aqui apresentada é fruto de uma entre as diversas interpretações possíveis. Há, até mesmo, autores que não tratam da solução, mas apresentam o tema como a lei criou. Cabe ao estudioso buscar o seu aprimoramento, que é o caso presente, apontar um meio para servir de caminho, não devendo ser considerado como pronunciamento final e definitivo.

---

[358] Neste sentido, CAMPOS, Lélio Candiota. Op. cit., p. 8.
[359] BARRETO FILHO, Oscar. Op. cit, p. 21.

# Síntese conclusiva

Ao longo do presente trabalho, tentou-se dar uma visão geral da vigência da Convenção e da aplicação da Lei Uniforme no Brasil, demonstrando que ao intérprete cabe a função de buscar subsídios para tentar encontrar uma solução para a questão da lacuna que pode surgir da aplicação da lei.

Verificou-se que a Convenção de Genebra para elaboração de uma legislação uniforme foi uma conquista de vários países, não só pelas manifestações dos organismos privados, mas, também, com o apoio oficial dos Estados, que se uniram para buscar uma solução para o problema da diversidade de legislações cambiais que estava impedindo o desenvolvimento do comércio internacional.

Demonstrou-se a importância da vigência internacional da Convenção, não só pelo modo como surgiu, mas, principalmente, pelos efeitos da sua entrada em vigor como compromisso internacional que envolve o Estado aderente. Salientando que apesar de ser uma necessidade de vários países a unificação do direito cambiário, ela não é totalmente unificada, eis que, foi garantida a soberania e independência dos Estados pela formulação de reservas, que possibilitam a adoção da legislação uniforme sem ferir o ordenamento jurídico pátrio.

Da mesma forma que foi identificado o momento da incorporação do direito uniforme ao direito nacional, como fruto da aplicação das normas constitucionais pertinentes que possibilitam a adoção de Tratados e

Convenções internacionais a serem aplicados em território nacional. Pelo que foram observados os mecanismos impostos pelo Brasil para conciliar a legislação uniforme com sua tradição cambial, pela escolha das reservas pertinentes, em que se observou que nem sempre a utilização de uma reserva acarretará a não-utilização da lei uniforme, tal fato será determinado pelo conteúdo da reserva.

Numa segunda análise, foi possível constatar que o desafio de interpretar a aplicação da Lei Uniforme no Brasil ainda persiste, não há uma única orientação quanto aos efeitos de determinadas reservas acolhidas internamente.

Essa referência da necessidade da interpretação contínua da lei uniforme só foi possível pela análise da aplicação conjugada das normas, ou seja, pelo exame de duas reservas verificou-se que as conseqüências trazidas pelas mesmas nem sempre são iguais, o que permite concluir que, havendo reserva, poderá ou não se utilizar a Lei Uniforme, dependendo da natureza e do conteúdo da respectiva reserva. E mais, adotando a reserva, observou-se que é perfeitamente possível aplicar os dispositivos da legislação cambial brasileira vigente.

Por outro lado, o estudo permitiu visualizar a constatação de lacunas decorrentes dessa sistemática de utilização de reservas, pois a análise de outra reserva possibilitou uma terceira situação decorrente da aplicação efetiva da lei uniforme.

A reserva pode, ainda, criar uma hipótese para ser complementada pela conjugação da legislação nacional, e, neste caso, havendo a norma brasileira que preencha o vazio apresentado pela Lei Uniforme, não haverá problema em manter em vigor a Lei Uniforme e a lei brasileira, eis que poderão conviver perfeitamente, observando que não necessariamente a previsão ou utilização da faculdade prevista pela reserva afastará a Lei Uniforme.

Foi, também, identificada uma outra situação em que, havendo a reserva facultado a complementação da matéria prevista como uniforme e não havendo legislação nacional a respeito, nem por isso deixa de estar em vigor a norma uniforme, contudo, daí pode surgir a situação de lacuna, que deve ser solucionada pelo aplicador do direito, em razão de não poder se esquivar de aplicar a lei.

Essas colocações permitem uma visão ampla da sistemática cambial brasileira, pois a aplicação da legislação deverá observar o disposto na Lei Uniforme, nas reservas adotadas para, então, buscar a solução na lei brasileira, caso não haja solução pronta deve-se interpretar o disposto no sentido de tentar localizar o melhor resultado.

Parece possível concluir que se reservas não têm apenas o condão de excluir a aplicação da legislação uniforme, mas, também, de permitir a sua utilização de forma conjugada com a legislação brasileira.

O presente trabalho apresentou alguns pontos que podem despertar o interesse de estudiosos no intuito de esclarecer e encontrar uma forma de melhor interpretar a Lei Uniforme aplicada como direito interno em conjunto com a legislação cambial anterior até que advenha a lei própria seguindo os ditames uniformes.

# Bibliografia

ACCIOLY, Hildebrando. *Tratado de Direito Internacional Público*. 2.ed. Rio de Janeiro. Vol I,1956.

ARAKEN DE ASSIS. *Manual do Processo de Execução*. 2.ed. São Paulo: Revista dos Tribunais, 1995, p. 299-300.

ASCARELLI, Tulio. *Teoria Geral dos Títulos de Crédito*. São Paulo: Red. Livros, 2000, p. 64, nota 81.

———. *Premissas ao estudo do direito comparado*. Revista Forense 90, 1942, p. 653.

AZEVEDO, Ivo Sefton. *Direito Internacional Público*. 2.ed. Porto Alegre: Livraria Acadêmica, vol. I e II, 1982.

BARRETO FILHO, Oscar. Aspectos Atuais da Letra de Câmbio. *Revista de Direito Mercantil, Industrial, Econômico e Financeiro*. v.15/16, p.11-21, 1974.

BESSONE, Darcy. *Instituições de Direito Falimentar*. São Paulo: Saraiva, 1995.

BETTI, Emilio. *Teoria Generale Della Interpretazione*. Milano: Dott. A. Giuffrè, 1995.

BIANCHI, Saverio. *Corso di Codice civile italiano, Principii generali sulle leggi*, v.I, 1888.

BIOLCHINI, Alberto. *A Letra de Câmbio*. São Paulo: Escolas Profissionais Salesianas, 1909.

BOBBIO, Norberto. *Teoria dell'ordenamento giuridico*. Turim: Copisteria Giappichelli Litografia, 1960.

BORGES, João Eunápio. *Títulos de Créditos*. Rio de Janeiro: Forense, 1972.

BORGES, José Alfredo. *Revista de Direito Tributário*, v. 27/28, p. 170-173;

BOUTERRON, Jacques. *La statu international du chèque*, Paris: Dalloz, 1934.

BRANCO, Gerson Luiz Carlos. *O sistema Contratual do Cartão de Crédito*. São Paulo: Saraiva, 1998.

BRASIL. Supremo Tribunal Federal. Relator: Min. Hermes de Lima. Acórdão de 30 de setembro de 1966. *Revista Trimestral de Jurisprudência*, n° 39, p.450-451, São Paulo.

———. R.E. n° 4.663, de São Paulo. Relator: Min. Eloy da Rocha. Acórdão de 17 de maio de 1968. *Revista Trimestral de Jurisprudência*, n° 48, p.76-78, São Paulo.

———. R.E. n° 70.356, de Minas Gerais. Relator: Min. Eliac Pinto. Acórdão de 19 de maio de 1971. Revista Trimestral de Jurisprudência, n° 58, p.744-747, São Paulo.

BULGARELLI, Waldírio. *Títulos de Crédito*. São Paulo: Atlas, ano 2001.

CAMPANHOLE, Hilton; CAMPANHOLE, Adriano. *Constiutições do Brasil*. 14.ed. São Paulo: Atlas, 2000.

CAMPOS, Lélio Candiota de. A Lei Uniforme de Genebra sobre Letras de Câmbio e Nota Promissória e sua Aplicação no Brasil. *Revista de Jurisprudência do Tribunal de Justiça do Rio Grande do Sul*. v.2, Ano I p.1-11, Porto Alegre, 1966 e v.3, Ano II, 1967.

CANARIS, Claus-Wilhelm. *Pensamento Sistemático e Conceito de Sistema na Ciência do Direito*. Lisboa: Fundação Calouste Gulbenkian, 1989.

CARVALHO DE MENDONÇA, José Xavier. *Tratado de Direito Comercial*. 7. ed. Rio de Janeiro: Freitas Bastos. Vol. V, Livro III, Parte II, 1963.

CIRNE LIMA, Rui. *Lacunas e Conflitos de Leis*. Porto Alegre: Sulina, 1963.

CÓDIGO CIVIL. 5.ed. São Paulo: RT, 2000.

CÓDIGO COMERCIAL. 6.ed. São Paulo: Editora Revista dos Tribunais. Atualizado até 12.01.2001.

CÓDIGO DE PROCESSO CIVIL. 31.ed. São Paulo: Saraiva, 2000.

COELHO, Fábio Ulhoa. *Curso de Direito Comercial*. São Paulo: Saraiva, V. 1, 1998.

———. *Código comercial e Legislação Complementar Anotados*. São Paulo: Saraiva.1995.

COMPARATO, Fábio Konder. Vigência das Convenções de Genebra sobre Letras de Câmbio, Promissórias e Cheques. *Revista dos Tribunais*. São Paulo, v.390, p.48-57.

———. *Revista de Direito Mercantil* n° 7, ano XI, Nova série, 1972, p. 66.

CORREIA, Ferrer. *Lições de Direito Comercial*. Lisboa: Ed. Lex, 1994.

COSTA, Adroaldo Mesquita da. *Discursos Parlamentares*. Rio de Janeiro, 1948.

COUTO, João Gonçalves. *Da Letra de Câmbio e Nota Promissória*. Rio de Janeiro: Jácintho Ribeiro dos Santos. V.1, 1923.

DE PLÁCIDO E SILVA. *Vocabulário Jurídico*. Rio de Janeiro: Forense, 1998.

———. *Noções Práticas de Direito Comercial*. 14.ed. São Paulo: Forense, 1992.

DE RUGGIERO. *Instituzioni di diritto civile*. 7.ed. Milano: Editrice Giuseppe Principato. v.1, §19, 1934.

DEVOTO, Giacomo; OLI, Gian Carlo. *Il Dizionario della Lingua Italiana*. Firense: Le Monier, 2000.

DINIZ, Maria Helena. *As Lacunas no Direito*. São Paulo: Saraiva, 1995.

———. *Lei de Introdução ao Código Civil Brasileiro Interpretada*. São Paulo: Saraiva, 1996.

DÓRIA, Dylson. *Curso de Direito Comercial*. 7.ed. São Paulo: Saraiva. 2.v., 1995.

ENGISCH, Karl. *Introdução ao Pensamento Jurídico*. 6. ed. Lisboa: Fundação Calouste Gulbenkian, 1983.

ESPÍNOLA, Eduardo e ESPÍNOLA FILHO, Eduardo. *A Lei de Introdução ao Código Civil Brasileiro*. Rio de Janeiro: Renovar. V. I, 1995.

FABRÍCIO, Adroaldo Furtado. *Comentários ao Código de Processo Civil*. Rio de Janeiro: Forense. V. VIII, Tomo III, 1980.

FARIA, Werter R. Reservas Formuladas sobre a Lei Uniforme relativa às Letras de Câmbio e Notas Promissórias. *Revista Forense*, Rio de Janeiro, v.249, 1975, p.26-41.

———. *Cheque - As Convenções de Genebra e o Direito Brasileiro*. Porto Alegre: Fabris, 1978.

———. *Ações Cambiárias*. Porto Alegre: Fabris, 1987.

FAZZIO JUNIOR, Waldo. *Manual de Direito Comercial*. São Paulo: Atlas, 2000.

FERRAZ JÚNIOR, Tércio Sampaio. *Teoria da Norma Jurídica*. Rio de Janeiro: Forense, 1978.

FERREIRA, Aurélio Buarque de Holanda. *Novo Aurélio Século XXI: Dicionário da Língua Portuguesa*. Rio de Janeiro: Nova Fronteira, 1999, p. 1624.

FERREIRA, Waldemar. *Tratado de Direito Comercial*. São Paulo: Saraiva, 1962.

FERREIRA FILHO, Manoel Gonçalves. *Comentários à Constituição Brasileira de 1988*. São Paulo: Saraiva, 1992, v.2/21.

FETTER, Cláudio; WEIDMANN, Helmut. A Lei Uniforme de Genebra com a correspondente incidência de todas as reservas e a conseqüente aplicação da lei nacional relativamente a cada caso em concreto. Direito & Justiça. *Revista da Faculdade de Direito da Pontifícia Universidade Católica do Rio Grande do Sul*. Livraria Editora Acadêmica Ltda., v.14, ano XI, 1990.

FIORE, Pasquale. *Disposizioni generali sulla pubblicazione ed interpretazione delle leggi*. 2.ed. Torino: Torinese, V. 2, 1925.

FRANCO DA ROSA, Luiz Emygdio. *Títulos de Crédito*. Rio de Janeiro: Renovar, 2000.

FRANCESSCHINI, José Luiz. *Títulos de Crédito*. São Paulo: Revista dos Tribunais, v. I.

FREITAS, Juarez. *A interpretação sistemática do Direito*. São Paulo: Malheiros, 1995.

FUHRER, Maximilianus Cláudio Américo. Como Aplicar as Leis Uniformes de Genebra. *Revista dos Tribunais*. São Paulo. V. 524, 1979, p.295-297.

GUIMARÃES, Hahnemann. *Renovação e Uniformização do Direito Cambiário*. Revista Forense 87, p. 609 e s., 1941.

LACERDA, J. C. Sampaio. Eficácia das Convenções. *Revista de Jurisprudência do Tribunal de Justiça do Estado da Guanabara*. Rio de Janeiro. V. 25, p.4-9, 1971.

LACERDA, Paulo. Da lei em geral, sua retroatividade, revogação e interpretação. *Manual do Código Civil Brasileiro*. 2.ed. V.1, 1929, p. 74.

——. *A Cambial no Direito Brasileiro*. Rio de Janeiro: Jacinto Ribeiro Santo, 1913.

LARENZ, Karl. *Metodologia da Ciência do Direito*. 2.ed. Lisboa: Fundação Calouste Gulbenkian, 1983.

LUCCA, Newton de. *A Cambial*. São Paulo: RT, 1985.

LYON-CAEN, Ch., RENAULT, L. *Manuel de Droit Commercial*. 7.ed., Paris: Cotillon, 1904.

MAGALHÃES, Roberto Barcellos. *Tratado de Direito Cambiário*. 2.ed. São Paulo: Editora Jurídica e Universitária, 1972, v. 2.

MAIA FILHO, Gastão de Moura. A Lei Uniforme e os Títulos de Crédito. *Revista dos Tribunais*. São Paulo, v. 455, 1973, p. 24-28.

MALAGARRIGA, Carlos. *Tratado Elemental de Derecho Comercial*. 2.ed. Buenos Aires: Editora Argentina. vol. II,1958.

MARTINS, Fran. *Títulos de Crédito: Letra de Câmbio e Nota Promissória*, 13.ed., Rio de Janeiro: Forense, v.I, 1998.

MAXIMILIANO, Carlos. *Hermenêutica e Aplicação do Direito*. 14.ed. Rio de Janeiro: Forense, 1994.

MÉDICE, Octávio. *Letra de Câmbio e Nota Promissória*. São Paulo: Jalovi, 1988.

MELLO, Celso Albuquerque. *Curso de Direito Internacional Público*. 4.ed. Rio de Janeiro: Freitas Bastos. V. 1, 1974.

——. *Ratificação de Tratados*. Rio de Janeiro: Freitas Bastos, 1966.

MENEZES, Rodrigo Otávio. *Relatório apresentado ao Ministério das Relações Exteriores (Conferência Internacional de Haia)*. Rio de Janeiro, 1911, p. 4.

MERCADO JUNIOR, Antônio. *Nova Lei Cambial e Nova Lei do Cheque*. São Paulo: Saraiva, 1971.

MOSA, Lorenzo. *La cambiale secondo lanuova legge*. Milão, 1937.

ORIONE, Francisco. *Tratado de Derecho Comercial - Letra de Câmbio*. Buenos Aires: Sociedad Bibliográfica Argentina. Tomo Primeiro. 1944, p. 206.

PAES DE ALMEIDA, Amador. *Teoria e Prática dos Títulos de Crédito*. 16.ed. São Paulo: Saraiva, 1997.

——. *Curso de Falência e Concordata*. 15 ed. São Paulo: Saraiva, 1997.

PERRONE DE OLIVEIRA, Jorge Alcibíades. *Títulos de Crédito. Doutrina e Jurisprudência*. Porto Alegre: Livraria do Advogado. V.I,1996.

PINTO COELHO, J.G. *Suplemento às Lições de Direito Comercial*. 2.ed., Lisboa, 1962.

PONTES DE MIRANDA, Francisco Cavalcanti. *Tratado do Direito Cambiário*. v.I. São Paulo: Max Limonad, 1954.

——. *Tratado de Direito Cambiário*. São Paulo: Bookseller. 2000, p. 101.

——. *Tratado de Direito Privado*. Rio de Janeiro,. v.34,1961.

POTU, Emile. *L'unification du droit relatif à la lettre de change et au billet à ordre*. Paris: M. Giaro, 1916.

PRADO, Juan Alberto. *Régimen Internacionale de los Títulos de Crédito*. Buenos Aires, 1970.

REQUIÃO, Rubens. Cambial: invalidade de lei que exige seu registro. *Revista de Direito Mercantil, Industrial, Econômico e Financeiro*, v.1, São Paulo: Revista dos Tribunais, 1971, p.13-28.

——. *Curso de Direito Comercial*. 20 ed. São Paulo: Saraiva. V. 2, 1995, p. 312.

——. *Curso de Direito Falimentar*. 16.ed. São Paulo: Saraiva. 1.V., 1995.

RESTIFE NETO, Paulo. *A Lei do Cheque – Anotações à Lei Uniforme*. São Paulo: RT, 1973.

REZEK, Francisco. *Direito dos Tratados*. Rio de Janeiro: Forense, 1984.

——. *Direito Internacional Público: Curso Elementar*. 8. ed. São Paulo: Saraiva. 2000.

RIBEIRO DE SOUZA, José Luiz. *Cambial*. São Paulo: Condor. 1927.

RIZZARDO, Arnoldo. *Contratos de Crédito Bancário*. 5.ed. São Paulo: RT, 2000.

ROCHA, Eloy da. *Revista Trimestral de Jurisprudência*, Brasília, n. 48, 1969, p.76.

RUSSELL, Alfredo. *Curso de Direito Commercial Brasileiro*. 2.ed. Rio de Janeiro: Casa Gráfica, Tomo segundo,1929.

SALANDRA, Vittorio. *Manuale di Diritto Commmerciale*. V.II. Milão: Giuffrè, 1966.

——. *Per l'unificazione internazionale del diritto cambiário*. Rivista Diritto Comerciale 27, 1929, p. 591 e s.

SAMPAIO, Pedro. *Letra de Câmbio e Nota Promissória*. São Paulo: Saraiva, 1975.

SAMPAIO DE LACERDA, J. C. Eficácia das Convenções. *Revista de Jurisprudência do Estado*. Guanabara, s/n°, p. 4-9.

SARAIVA, José A. *A cambial*. 2.ed. Belo Horizonte: Imprensa Oficial de Minas, 1918.

——. *A cambial*. Rio de Janeiro: José Konfino. V. III, 1947.

SATANOWSKY, Marcos. *Tratado de Derecho Comercial.* Buenos Aires: Editora Argentina. V. 2, 1957.

SEITENFUS, Ricardo. *Manual das Organizações Internacionais.* Porto Alegre: Livraria do Advogado, 1997.

SILVA, Daniel Ferreira da. *Lei Uniforme. Juriscível do S.T.F.* São Joaquim da Barra: Davidip. V. 25, 1975, p.VII-XIV.

SILVA PINTO, Paulo J. da. *Direito Cambiário.* Rio de Janeiro: Revista Forense, 1948.

STRENGER, Irineu. *Curso de Direito Internacional Privado.* Rio de Janeiro: Forense, 1978.

SUPINO, David. *Derecho Mercantil.* Madrid: La España Moderna, 1910.

——; SEMO, Jorge. *De la letra de cambio y del pagare cambiario del cheque.* Buenos Aires: Ediar. V.1, 1950.

TEIXEIRA DE FREITAS, A. *Aditamentos ao Código Comercial.* Rio de Janeiro. V. II,1878.

TEROL, Francisco. *La aceptación de la letra de cambio.* Madrid: Editorial Tecnos. 1976.

THALLER, E. *Traité élementaire de Droit Commercial.* Paris: Arthur Rousseau, 1904.

TORRES, Magarinos. *Aphorismos de Direito Cambial.* São Paulo: Saraiva, 1933.

——. *Theses Selectas de Direito Cambial Brasileiro.* Rio de Janeiro: Livraria Editora Leite Ribeiro, Freitas Bastos, 1928.

——. *Considerações e advertências sobre a letra de câmbio e a nota promissória.* São Paulo: Saraiva, 1933.

VIVANTE, Cesare. *Trattado di Diritto Commerciale.* 4.ed. Milão: Casa Editrice Dottore Francesco Vallardi, 1912..

WHITAKER, José Maria. *Letra de Câmbio.* 5.ed. São Paulo: Revista dos Tribunais, 1961.

ZENUN, Augusto. *Questões de Títulos de Crédito.* Rio de Janeiro: Forense, 1990.

# Anexo

## Decreto n.º 57.663 – de 24 de janeiro de 1996[1]

Promulga as Convenções para adoção de uma lei uniforme em matéria de letras de câmbio e notas promissórias.

O Presidente da República,

Havendo o Governo brasileiro, por nota da Legação em Berna, datada de 26 de agosto de 1942, ao Secretário-Geral da Liga das Nações, aderido às seguintes Convenções assinadas em Genebra, a 7 de junho de 1930:

1ª) Convenção para adoção de uma lei uniforme sobre letras de câmbio e notas promissórias, anexos e protocolado, com reservas aos arts. 2º, 3º, 5º, 6º, 7º, 9º, 10, 13, 15, 16, 17, 19 e 20 do anexo II;

2ª) Convenção destinada a regular conflitos de leis em matéria de letras de câmbio e notas promissórias com Protocolo;

3ª) Convenção relativa ao imposto de selo, em matéria de letras de câmbio e de notas promissórias com Protocolo;

havendo as referidas Convenções entrado em vigor para o Brasil 90 (noventa) dias após a data do registro pela Secretaria-Geral da Liga das Nações, isto é, a 26 de novembro de 1942;

e havendo o Congresso Nacional aprovado pelo Decreto Legislativo nº 54 de 1964, as referidas Convenções;

decreta as mesmas, apenas por cópia ao presente decreto, sejam executadas e cumpridas tão inteiramente como nelas se contêm, observadas as reservas feitas à Convenção relativas à lei uniforme sobre letras de câmbio e notas promissórias.

*Brasília, 24 de janeiro de 1996, 145º da Independência e 78º da República.*

H. Castello Branco
Juracy Magalhães

---

[1] Publicado no Diário Oficial da União, de 31 de janeiro de 1966.

## Convenção para a adoção de uma Lei Uniforme sobre Letras de Câmbio e Notas Promissórias

O Presidente do Reich Alemão; o Presidente Federal da República da Austríaca; Sua Majestade o Rei dos Belgas; o Presidente da República dos Estados Unidos do Brasil; o Presidente da República da Colômbia; Sua Majestade o Rei da Dinamarca; o Presidente da República da Polônia pela Cidade Livre de Dantzig; o Presidente da República do Equador; Sua Majestade o Rei de Espanha; o Presidente da República da Finlândia; o Presidente da República Francesa; o Presidente da República Helênica; Sua Alteza Sereníssima o Regente do Reino da Hungria; Sua Majestade o Rei da Itália; Sua Majestade o Imperador do Japão; Sua Alteza Real a Grã-Duquesa do Luxemburgo; Sua Majestade o Rei da Noruega; Sua Majestade a Rainha da Holanda; o Presidente da República da Polônia; o Presidente da República Portuguesa; Sua Majestade o Rei da Suécia; o Conselho Federal Suíço; o Presidente da República da Tchecoslováquia; o Presidente da República da Turquia; Sua Majestade o Rei da Iugoslávia;

Desejando evitar as dificuldades originais pela diversidade de legislação nos vários países em que as letras circulam e aumentar assim a segurança e rapidez das relações do comércio internacional;

Designaram como seus Plenipotenciários:

Os quais, depois de terem apresentado os seus plenos poderes achados em boa e devida forma, acordaram nas disposições seguintes:

### Artigo 1º

As Altas Partes Contratantes obrigam-se a adotar nos territórios respectivos, quer num dos textos originais, quer nas suas línguas nacionais, a lei uniforme que constitui o Anexo I da presente Convenção.

Esta obrigação poderá ficar subordinada a certas reservas que deverão eventualmente ser formuladas por cada uma das Altas Partes Contratantes no momento da sua ratificação ou adesão. Estas reservas deverão ser escolhidas entre as mencionadas no Anexo II da presente Convenção.

Todavia, as reservas a que se referem os arts. 8º, 12 e 18 do citado Anexo II poderão ser posteriormente feitas à ratificação ou adesão, desde que sejam notificadas ao Secretário-Geral da Sociedade das Nações, o qual imediatamente comunicará o seu texto aos Membros da Sociedade das Nações e aos Estados não membros em cujo nome tenha sido ratificada a presente Convenção ou que ela tenha aderido. Essas reservas só produzirão efeitos 90 (noventa) dias depois de o Secretário-Geral ter recebido a referida notificação.

Qualquer das Altas Partes Contratantes poderá, em caso de urgência, fazer uso, depois da ratificação ou da adesão, das reservas indicadas nos arts. 7º e 22 do referido Anexo II. Neste caso deverá comunicar essas reservas direta e imediatamente a todas as outras Altas Partes Contratantes e ao Secretário-Geral da Sociedade das Nações. Esta notificação produzirá os seus efeitos 2 (dois) dias depois de recebida a dita comunicação pelas Altas Partes Contratantes.

### Artigo 2º
A lei uniforme não será aplicável no território de cada uma das Altas Partes Contratantes às letras e notas promissórias já passadas à data da entrada em vigor de presente Convenção.

### Artigo 3º
A presente Convenção, cujos textos francês e inglês farão ambos igualmente fé, terá a data de hoje.

Poderá ser ulteriormente assinada, até 6 de setembro de 1930, em nome de qualquer Membro da Sociedade das Nações e de qualquer Estado não membro.

### Artigo 4º
A presente Convenção será ratificada.

Os instrumentos de ratificação serão transmitidos, antes de 1º de setembro de 1932, ao Secretário-Geral da Sociedade das Nações, que notificará imediatamente do seu depósito todos os Membros da Sociedade das Nações e os Estados não membros que sejam Partes na presente Convenção.

### Artigo 5º
A partir de 6 de setembro de 1930, qualquer Membro da Sociedade das Nações e qualquer Estado não membro poderá aderir à presente Convenção.

Esta adesão efetuar-se-á por meio de notificação ao Secretário-Geral da Sociedade das Nações, que será depositada nos arquivos do Secretariado.

O Secretário-Geral notificará imediatamente desse depósito todos os Estados que tenham assinado ou aderido à presente Convenção.

### Artigo 6º
A presente Convenção somente entrará em vigor depois de ter sido ratificada ou de a ela terem aderido sete Membros da Sociedade das Nações ou Estados não membros, entre os quais deverão figurar 3 (três) dos Membros da Sociedade das Nações com representação permanente no Conselho.

Títulos de Crédito – *DESAFIOS INTERPRETATIVOS DA LEI UNIFORME DE GENEBRA NO BRASIL*

Começará a vigorar 90 (noventa) dias depois de recebida pelo Secretário-Geral da Sociedade das Nações a sétima ratificação ou adesão, em conformidade com o disposto na alínea primeira do presente artigo. O Secretário-Geral da Sociedade das Nações, nas notificações previstas nos arts. 4º e 5º, fará menção especial de terem sido recebidas as ratificações ou adesões a que se refere a alínea primeira do presente artigo.

### Artigo 7º

As ratificações ou adesões após a entrada em vigor da presente Convenção em conformidade com o disposto no art. 6º produzirão os seus efeitos 90 (noventa) dias depois da data da sua recepção pelo Secretário-Geral da Sociedade das Nações.

### Artigo 8º

Exceto nos casos de urgência, a presente Convenção não poderá ser denunciada antes de decorrido um prazo de 2 (dois) anos a contar da data em que tiver começado a vigorar para o Membro da Sociedade das Nações ou para o Estado não membro que a denuncia; esta denuncia produzirá os seus efeitos 90 (noventa) dias depois de recebida pelo Secretário-Geral a respectiva notificação.

Qualquer denúncia será imediatamente comunicada pelo Secretário-Geral da Sociedade das Nações a todas as outras Altas Partes Contrastantes.

Nos casos de urgência, a Alta Parte Contratante que efetuar a denúncia comunicará esse fato direta e imediatamente a todas as outras Altas Partes Contratantes, e a denúncia produzirá os seus efeitos 2 (dois) dias depois de recebida a dita comunicação pelas respectivas Altas Partes Contratantes. A Alta Parte Contratante que fizer a denúncia nestas condições dará igualmente conhecimento da sua decisão ao Secretário-Geral da Sociedade das Nações.

Qualquer denúncia só produzirá efeitos em relação à Alta Parte Contratante em nome da qual ela tenha sido feita.

### Artigo 9º

Decorrido um prazo de 4 (quatro) anos da entrada em vigor da presente Convenção, qualquer Membro da Sociedade das Nações ou Estado não membro ligado à Convenção poderá formular ao Secretário-Geral da Sociedade das Nações um pedido de revisão de algumas ou de todas as suas disposições.

Se este pedido, comunicado aos outros Membros ou Estado não membros para os quais a Convenção estiver em vigor, for apoiado dentro do prazo de 1 (um) ano por 6 (seis), pelo menos, dentre eles, o Conselho da Sociedade das Nações decidirá se deve ser convocada uma conferência para aquele fim.

### Artigo 10º

As Altas Partes Contratantes poderão declarar no momento da assinatura da ratificação ou da adesão que, aceitando a presente Convenção, não assumem nenhuma obrigação pelo que respeita a todas ou das suas colônias, protetorados ou territórios sob a sua soberania ou mandato, caso em que a presente Convenção se não aplicará aos territórios mencionados nessa declaração. As Altas Partes Contratantes poderão a todo o tempo mais tarde notificar o Secretário-Geral da Sociedade das Nações de que desejam que a presente Convenção se aplique a todos ou parte dos territórios que tenham sido objeto da declaração prevista na alínea precedente, e nesse caso a Convenção aplicar-se-á aos territórios mencionados na comunicação 90 (noventa) dias depois de esta ter sido recebida pelo Secretário-Geral da Sociedade das Nações.

Da mesma forma, as Altas Partes contratantes podem, nos termos do art. 8º, denunciar a presente Convenção para todas ou parte das suas colônias, protetorados ou territórios sob a sua soberania ou mandato.

### Artigo 11º

A presente Convenção será registrada pelo Secretário-Geral da Sociedade das Nações desde que entre em vigor. Será publicada, logo que for possível, na "Coleção de Tratados" da Sociedade das Nações.

Em fé do que os Plenipotenciários acima designados assinaram a presente Convenção.

Feito em Genebra, aos 7 de junho de 1930, num só exemplar, que será depositado nos arquivos do Secretariado da Sociedade das Nações. Será transmitida cópia autêntica a todos os membros da Sociedade das Nações e a todos os Estados não membros representados na Conferência.

Alemanha: *Leo Quassowski, Dr. Albrecht, Dr. Ullmann; Dr. Strokele;* Bélgica: *Vte. P. Poullet de la Vallée Poussin;* Brasil: *Deoclécio de Campos;* Colômbia: *ª J. Restrepo;* Dinamarca: *ª Helper, V. Eigtved;* Cidade Livre de Dantzig: *Sulkowski;* Equador: *Alej. Gastolú;* Espanha:*Juan Gomez Montejo;* Finlândia: *F. Gronvall;* França:*J. Percerou;* Grécia: *R. Raphael;* Hungria: *Dr. Baranyai Zoltân;* Itália: *Amedeo Giannini;* Japão: *M. Ohno, T. Shimada;* Luxemburgo: *Ch. G. Vermaire;* Noruega: *Stub Holmboe;* Holanda: *Molengraaff;* Peru: *J. M. Barreto;* Polônia: *Sulkowski;* Portugal: *José Caieiro da Matta;* Suécia: *E. Marks von Wurtemberg, Birger Ekeberg;* Suíça: *Vischer;* Tchecoslováquia: *Prof. Dr. Karel Hermann-Otavsky;* Turquia: *Ad referendum, Mehmed Munir;* Iugoslávia: *I. Choumenkovitch.*

## ANEXO I
## LEI UNIFORME DE RELATIVA ÀS LETRAS DE CÂMBIO E NOTAS PROMISSÓRIAS

Título I
DAS LETRAS

Capítulo I
DA EMISSÃO E FORMA DA LETRA

**Artigo 1º**
A letra contém:
1. A palavra "letra"* inserta no próprio texto do título e expressa na língua empregada para a redação desse título;
  * Do texto original francês "Lettre de change", podendo-se ler "Letra de Câmbio"
2. O mandato* puro e simples de pagar uma quantia determinada;
  *Do texto original inglês "Order", podendo-se ler "Ordem"
3. O nome daquele que deve pagar (sacado);
4. A época do pagamento;
5. A indicação do lugar em que se deve efetuar o pagamento;
6. O nome da pessoa a quem ou à ordem de quem dever ser paga;
7. A indicação da data em que, e do lugar onde a letra é passada;
8. A assinatura de quem passa a letra (sacador).
- *Ver art. 2º do Anexo II;*
- *Ver art. 1º, inc. V do Decreto nº 2.044/08;*
- *Ver art. 3º da Lei nº 6.268/75.*

**Artigo 2º**
O escrito em que faltar algum dos requisitos indicados no artigo anterior não produzirá efeito como letra, salvo nos casos determinados nas alíneas seguintes:
A letra em que se não indique a época do pagamento entende-se pagável à vista.
Na falta de indicação especial, o lugar designado ao lado do nome do sacado considera-se como sendo o lugar do pagamento, e, ao mesmo tempo, o lugar do domicílio do sacado.
A letra sem indicação do lugar onde foi passada considera-se como tendo sido no lugar designado, ao lado do nome do sacador.
- *Ver Súmula 387 STF.*

**Artigo 3º**
A letra pode ser à ordem do próprio sacador.
Pode ser sacada sobre o próprio sacador.
Pode ser sacada por ordem e conta de terceiro.

**Artigo 4º**
A letra pode ser pagável no domicílio de terceiro, quer na localidade onde o sacado tem o seu, quer em outra localidade.

**Artigo 5º**
Numa letra pagável à vista ou a um certo termo de vista, pode o sacador estipular que a sua importância vencerá juros. Em qualquer outra espécie de letra a estipulação de juros será considerada como não escrita.

A taxa de juros deve ser indicada na letra; na falta de indicação, a cláusula de juros é considerada como não escrita.

Os juros contam-se da data da letra, se outra data não for indicada.

**Artigo 6º**
Se na letra a indicação da quantia a satisfazer se achar feita por extenso e em algarismos, e houver divergência entre uma e outra, prevalece a que estiver feita por extenso.

se na letra a indicação da quantia a satisfazer se achar feita por mais de uma vez, quer por extenso, quer em algarismos, e houver divergências entre as diversas indicações, prevalecerá a que se achar feita pela quantia inferior.

**Artigo 7º**
Se a letra contém assinaturas de pessoas incapazes de se obrigarem por letras, assinaturas falsas, assinaturas de pessoas fictícias, ou assinaturas que por qualquer outra razão não poderiam obrigar as pessoas que assinaram a letra, ou em nome das quais ela foi assinada, as obrigações dos outros signatários nem por isso deixam de ser válidas.

- *Ver art. 43, Decreto nº 2.044/08*
- *Ver arts. 3º e 4º do CCB*

**Artigo 8º**
Todo aquele que apuser a sua assinatura numa letra, como representante de uma pessoa, para representar a qual não tinha de fato poderes, fica obrigado em virtude da letra e, se a pagar, tem os mesmos direitos que o pretendido representado. A mesma regra se aplica ao representante que tenha excedido os seus poderes.

- *Ver Súmula 60/STJ*
- *Ver art. 51, inc. VII, da Lei nº 8.079/99.*

**Artigo 9º**
O sacador é garante tanto da aceitação como do pagamento de letra.

O sacador pode exonerar-se da garantia da aceitação; toda e qualquer cláusula pela qual ele se exonere da garantia do pagamento considerar-se como não escrita.

**Artigo 10**

Se uma letra incompleta no momento de ser passada tiver sido completada contrariamente aos acordos realizados não pode a inobservância desses acordos ser motivo de oposição ao portador, salvo se este tiver adquirido a letra de má-fé ou, adquirindo-a, tenha cometido uma falta grave*.

*Dos textos originais inglês "Negligence" e francês "Faute lourde", podendo-se ler "Culpa grave"*

- *Ver art. 3º do Anexo II;*
- *Ver art. 3º do Decreto nº 2.044/08*
- *Ver Súmula 387/STF*

Capítulo II
O ENDOSSO

**Artigo 11**

Toda a letra de câmbio, mesmo que não envolva expressamente a cláusula à ordem, é transmissível por via de endosso.

Quando o sacador tiver inserido na letra as palavras "não à ordem", ou uma expressão equivalente, a letra* só é transmissível pela forma e com os efeitos de uma cessão ordinária de créditos.

*Dos textos originais inglês "titre" e francês "instrument", podendo-se ler "título".*

O endosso pode ser feito mesmo a favor do sacado, aceitando ou não, do sacador, ou de qualquer outro coobrigado. Estas pessoas podem endossar novamente a letra.

**Artigo 12**

O endosso deve ser puro e simples. Qualquer condição a que ele seja subordinado considera-se como não escrita.

O endosso parcial é nulo.

O endosso ao portador vale como endosso em branco.

**Artigo 13**

O endosso deve ser escrito na letra ou numa folha ligada a esta (anexo). Deve ser assinado pelo endossante.

- *Ver art. 2º do Anexo II;*
- *Ver art. 8º, al. 2 do Decreto nº 2.044/08;*
- *Ver art. 3º da Lei nº 6.268/75.*

O endosso pode não designar o benefício*, ou consistir simplesmente na assinatura do endossante (endosso em branco). Neste último caso, o endosso para ser válido deve ser escrito no verso da letra ou na folha anexa.

*Erro de tradução, podendo-se ler "beneficiário".*

**Artigo 14**

O endosso transmite todos os direitos emergentes da letra.

Se o endosso for em branco, o portador pode:

1º) preencher o espaço em branco, quer com o seu nome, quer com o nome de outra pessoa;

2º) endossar de novo a letra em branco ou a favor de outra pessoa;

3º) remeter a letra a um terceiro, sem preencher o espaço em branco e sem endossar.

- *Ver art. 1º da Lei nº 8.021/90.*
- *Ver art. 19 e § 2º da Lei nº 8.088/90.*

**Artigo 15**

O endossante, salvo cláusula em contrário, é garante tanta da aceitação como do pagamento da letra.

O endossante pode proibir um novo endosso, e, neste caso, não garante o pagamento* às pessoas a quem a letra for posteriormente endossada.

*\* Do original francês "dans ces ca, il nest pas tenu à la garantie envers...", podendo-se entender que descumprida a cláusula o endossante não garante nem a aceitação nem o pagamento.*

**Artigo 16**

O detentor de uma letra é considerado portador legítimo se justifica o seu direito por uma série ininterrupta de endossos, mesmo se o último for em branco. Os endossos riscados consideram-se, para este efeito, como não escritos. Quando um endosso em branco é seguido de um outro endosso, presume-se que o signatário deste adquiriu a letra pelo endosso em branco.

Se uma pessoa foi por qualquer maneira desapossada de uma letra, o portador dela, desde que justifique o seu direito pela maneira indicada na alínea precedente, não é obrigado a restituí-la, salvo se a adquiriu de má-fé ou se, adquirindo-a, cometeu uma falta grave*.

*\* Dos originais inglês e francês "faute lourde e negligence", podendo-se ler "falta grave".*

- *Ver art. 36 do Decreto 2.044/08*

**Artigo 17**

As pessoas acionadas em virtude de uma letra não podem opor ao portador exceções fundadas sobre as relações pessoais delas com o sacador ou com os portadores anteriores, a menos que o portador ao adquirir a letra tenha procedido conscientemente em detrimento do devedor.

- *Ver art. 16 do Anexo II*
- *Ver art. 51 do Decreto nº 2.044/08*

**Artigo 18**

Quando o endosso contém a menção "valor a cobrar" (*valeur en recouvrement*), "para cobrança" (*pour encaissement*), "por procuração"(*par procuration*), ou qualquer outra menção que implique um simples mandato, o portador pode exercer todos os direitos emergentes da letra, mas só pode endosá-la na qualidade de procurador.

Os coobrigados*, neste caso, só podem invocar contra o portador as exceções que eram oponíveis ao endossante.

\* *Do texto original francês "obligés", podendo-se ler "obrigados"*

O mandato que resulta de um endosso por procuração não se extingue por morte ou sobrevinda incapacidade legal do mandatário.*

\* *Do texto original francês "Mandant", podendo-se ler Mandante.*

**Artigo 19**

Quando o endosso contém a menção "valor em garantia", "valor em penhor" ou qualquer outra menção que implique uma caução*, o portador pode exercer todos os direitos emergentes da letra, mas um endosso feitos por ele só vale como endosso a título de procuração.

\* *Dos textos originais inglês e francês "nantissement e pledge", podendo-se ler "caução pignoratícia"*

Os coobrigados não podem invocar contra o portador as exceções fundadas sobre as relações pessoais deles com o endossante, a menos que o portador, ao receber a letra, tenha procedido conscientemente em detrimento do devedor.

**Artigo 20**

O endosso posterior ao vencimento tem os mesmos efeitos que o endosso anterior. Todavia, o endosso posterior ao protesto por falta de pagamento, ou feito depois de expirado o prazo fixado para se fazer o protesto, produz efeitos de uma cessão ordinária de créditos.

Salvo prova em contrário, presume-se que um endosso sem data foi feito* antes de expirado o prazo para se fazer o protesto.

\* *Dos textos originais pode-se melhor traduzir, como sugere Pinto Coelho, que o endosso sem data "tem-se como feito antes..."*

Capítulo III
DO ACEITE

**Artigo 21**

A letra pode ser apresentada, até o vencimento, ao aceite do sacado, no seu domicílio, pelo portador ou até por um simples detentor.

*- Ver art. 10 Decreto nº 2.044/08*

**Artigo 22**
O sacador pode, em qualquer letra, estipular que ela será apresentada ao aceite, com ou sem fixação de prazo.

Pode proibir na própria letra sua apresentação ao aceite, salvo se se tratar de uma letra pagável em domicílio de terceiro, ou de uma letra pagável em localidade diferente da do domicílio do sacado, ou de uma letra sacada a certo termo de vista.

O sacador pode também estipular que a apresentação ao aceite não poderá efetuar-se antes de determinada data.

Todo endossante pode estipular que a letra deve ser apresentada ao aceite, com ou sem fixação de prazo, salvo se ela tiver sido declarada não aceitável pelo sacador.

**Artigo 23**
As letras a certo termo de vista devem ser apresentadas ao aceite dentro do prazo de 1 (um) ano das suas datas.

O sacador pode reduzir este prazo ou estipular um prazo maior.

Esses prazos podem ser reduzidos pelos endossantes.

**Artigo 24**
O sacado pode pedir que a letra lhe seja apresentada uma segunda vez no dia seguinte ao da primeira apresentação. Os interessados somente podem ser admitidos a pretender que não foi dada satisfação a este pedido no caso de ele figurar no protesto.

O portador não é obrigado a deixar nas mãos do aceitante a letra apresentada ao aceite.

**Artigo 25**
O aceite é escrito na própria letra. Exprime-se pela palavra "aceite" ou qualquer outra palavra equivalente; o aceite é assinado pelo sacado. Vale como aceite a simples assinatura do sacado aposta na parte anterior da letra.
- *Ver art. 2º do Anexo II;*
- *Ver art.11 do Decreto nº 2.044/08*
- *Ver art. 3º da Lei nº 6.268/75*

Quando se trate de uma letra pagável a certo termo de vista ou que deva ser apresentada ao aceite dentro de uma prazo determinado por estipulação especial, o aceite deve ser datado do dia em que foi dado, salvo se o portador exigir que a data seja a da apresentação. À falta de data, o portador, para conservar seus direitos de recurso contra os endossantes e contra o sacador, deve fazer constar essa omissão por um protesto, feito em tempo útil.

**Artigo 26**
O aceite é puro e simples, mas o sacado pode limitá-lo a uma parte da importância sacada.

Qualquer outra modificação introduzida pelo aceitante no enunciado da letra equivale a uma recusa de aceite. O aceitante fica, todavia, obrigado nos termos do seu aceite.

**Artigo 27**
Quando o sacador tiver indicado na letra um lugar de pagamento diverso do domicílio do sacado, sem designar um terceiro em cujo domicílio o pagamento se deva efetuar, o sacado pode designar no ato do aceite a pessoa que deve pagar a letra. Na falta dessa indicação, considera-se que o aceitante se obriga, ele próprio, a efetuar o pagamento no lugar indicado na letra.

Se a letra é pagável no domicílio do sacado, este pode, no ato do aceite, indicar, para ser efetuado o pagamento, um outro domicílio no mesmo lugar.

**Artigo 28**
O sacado obriga-se pelo aceite pagar a letra à data do vencimento.

Na falta de pagamento, o portador, mesmo no caso de ser ele o sacador, tem contra o aceitante um direito de ação* resultante da letra, em relação a tudo que pode ser exigido nos termos dos arts. 48 e 49.

*Dos textos originais em inglês "direct action" e francês "action directe", podendo, podendo-se ler "ação direta".*

**Artigo 29**
Se o sacado, antes da restituição da letra, riscar o aceite que tiver dado, tal aceite é considerado como recusado. salvo prova em contrário, a anulação do aceite considera-se feita antes da restituição da letra.

Se, porém, o sacado tiver informado por escrito o portador ou qualquer outro* signatário da letra de que aceita, fica obrigado para com estes, nos termos do seu aceite.

*Do texto original francês "signataire quelconque", podendo-se ler apenas "qualquer signatário".*

Capítulo IV
DO AVAL

**Artigo 30**
O pagamento de uma letra pode ser no todo ou em parte garantido por aval.

Esta garantia é dada por um terceiro ou mesmo por um signatário da letra.

*- Ver Súmula 26 STJ.*

**Artigo 31**
O aval é escrito na próprio letra ou numa folha anexa.

Exprime-se pelas palavras "bom para aval" ou por qualquer fórmula equivalente; e* assinado pelo dador do aval.

*Erro na publicação brasileira, podendo-se ler "é"*

O aval considera-se como resultante da simples assinatura do dador aposta na face anterior da letra, salvo se se trata das assinaturas do sacado ou do sacador.

- *Ver. art. 2º do Anexo II;*
- *Ver. art. 14, 1ª parte, do Decreto nº 2.044/08*
- *Ver. art. 3º da Lei nº 6.268/75*
- *Ver Súmula 189/STF*

O aval deve indicar a pessoa por quem se dá. Na falta de indicação, entender-se-á pelo sacador.

**Artigo 32**

O dador de aval é responsável da mesma maneira que a pessoa por ele afiançada*.

*Do texto original francês "garant", podendo-se ler "garantida ou avalizada".*

A sua obrigação mantém-se, mesmo no caso de a obrigação que ele garantiu ser nula por qualquer razão que não seja vício de forma.

Se o dador do aval paga a letra, fica subrogado* nos direitos emergentes da letra contra a pessoa a favor de quem foi dado o aval e contra os obrigados para com esta em virtude da letra.

*Do texto original francês "acquiert", podendo-se ler "adquire".*

Capítulo V
DO VENCIMENTO

**Artigo 33**

Uma letra pode ser sacada:
à vista;
a um certo termo de vista;
a um certo termo de data;
pagável num dia fixado.

As letras quer com vencimentos diferentes, quer com vencimentos sucessivos, são nulas.

- *Ver art. 7º do Decreto nº 2.044/08.*

**Artigo 34**

A letra à vista é pagável à apresentação. Deve ser apresentada a pagamento dentro do prazo de um ano, a contar da sua data. O sacador pode reduzir este prazo ou estipular um outro mais longo. Estes prazos podem ser encurtados pelos endossantes.

O sacador pode estipular que uma letra pagável à vista não deverá ser apresentada a pagamento antes de uma certa data. Nesse caso, o prazo para a apresentação conta-se dessa data.

Títulos de Crédito – *DESAFIOS INTERPRETATIVOS*
*DA LEI UNIFORME DE GENEBRA NO BRASIL*

### Artigo 35

O vencimento de uma letra a certo termo de vista determina-se, quer pela data do aceite, quer pela do protesto. Na falta de protesto, o aceite não datado entende-se, no que respeita ao aceitante, como tendo sido dado no último dia do prazo para a apresentação ao aceite.

### Artigo 36

O vencimento de uma letra sacada a um ou mais meses de data ou de vista será na data correspondente do mês em que o pagamento se deve efetuar. Na falta de data correspondente, o vencimento será no último dia desse mês.

Quando a letra é sacada a um ou mais meses e meio de data ou de vista, contam-se primeiro os meses inteiros.

Se o vencimento for fixado para o princípio, meado ou fim do mês, entende-se que a letra será vencível no primeiro, no dia quinze, ou no último dia desse mês.

As expressões "oito dias" ou "quinze dias" entendem-se não como uma ou duas semanas, mas como um prazo de oito ou quinze dias efetivos.

A expressão "meio mês" indica um prazo de quinze dias.

### Artigo 37

Quando uma letra é pagável num dia fixo num lugar em que o calendário é diferente do lugar de emissão, a data do vencimento é considerada como fixada segundo o calendário do lugar de pagamento.

Quando uma letra sacada entre duas praças que em* calendários diferentes é pagável a certo termo de vista, o dia da emissão é referido ao dia correspondente do calendário do lugar de pagamento, para o efeito da determinação da data do vencimento.

*Erro na publicação brasileira, que deveria ser "têm"*

Os prazos de apresentação das letras são calculados segundo as regras da alínea precedente.

Estas regras não se aplicam se um cláusula da letra, ou até o simples enunciado do título, indicar que houve intenção de adotar regras diferentes.

Capítulo VI

DO PAGAMENTO

### Artigo 38

O portador de uma letra pagável em dia fixo ou a certo termo de data ou de vista deve apresentá-la a pagamento no dia em que ela é pagável ou num dos dois dias úteis seguintes.

*- Ver art. 5º Anexo II;*
*- Ver. art. 20 Decreto nº 2.044/08*

A apresentação da letra a uma câmara de compensação equivale a apresentação a pagamento.
- *Ver. art. 6º Anexo II;*
- *Ver art. 11 e 19, inc. IV da Lei nº 4.595/64*

**Artigo 39**
O sacado que paga uma letra pode exigir que ela lhe seja entregue com a respectiva quitação.
O portador não pode recusar qualquer pagamento parcial.
No caso de pagamento parcial, o sacado pode exigir que desse pagamento se faça menção na letra e que dele lhe seja dada quitação.

**Artigo 40**
O portador de uma letra não pode ser obrigado a receber o pagamento dela antes do vencimento.
- *Ver art. 52, § 2º da Lei nº 8.078/90*
O sacado que paga uma letra antes do vencimento fá-lo sob sua responsabilidade.
Aquele que paga uma letra no vencimento fica validamente desobrigado, salvo se da sua parte tiver havido fraude ou falta grave. É obrigado a verificar a regularidade da sucessão dos endossos mas não a assinatura dos endossantes.

**Artigo 41**
Se numa letra se estipular o pagamento em moeda que não tenha curso legal no lugar do pagamento, pode a sua importância ser paga na moeda do país, segundo o seu valor no dia do vencimento. Se o devedor está em atraso, o portador pode, à sua escolha, pedir que o pagamento da importância da letra seja feito na moeda do país ao câmbio do dia do vencimento ou ao câmbio do dia do pagamento.
- *Ver art. 7º Anexo II;*
- *Ver art. 1º e 2º, inc. IV e V do Decreto-Lei nº 857/69*
A determinação do valor da moeda estrangeira será feita segundo os usos do lugar de pagamento. O sacador pode, todavia, estipular que a soma apagar seja calculada segundo um câmbio fixado na letra.
As regras acima indicadas não se aplicam ao caso em que o sacador tenha estipulado que o pagamento deverá ser efetuado numa certo moeda especificada (cláusula de pagamento efetivo numa moeda estrangeira).
- *Ver art. 7º Anexo II*
Se a importância da letra for indicada numa moeda que tenha a mesma denominação mas o valor diferente no país de emissão e no de pagamento, presume-se que se fez referência à moeda do lugar do pagamento.

**Artigo 42**
Se a letra não for apresentada a pagamento dentro do prazo fixado no art. 38, qualquer devedor tem a faculdade de depositar a sua importância junto da autoridade competente à custa do portador e sob a responsabilidade deste.

Capítulo VII
## DA AÇÃO POR FALTA DE ACEITE E FALTA DE PAGAMENTO

**Artigo 43**
O portador de uma letra pode exercer os seus direitos de ação contra os endossantes, sacador e outros coobrigados:
no vencimento;
se o pagamento não foi efetuado;
mesmo antes do vencimento:
1) se houve recusa total ou parcial de aceite;
2) nos casos de falência do sacado, quer ele tenha aceite, que não, de suspensão de pagamento do mesmo, ainda que não constatada por sentença, ou ter sido promovida, sem resultado, execução dos seus bens;
- *Ver art. 10 Anexo II;*
- *Ver arts. 1º, 2º, 7º § 2º, 25, 40, 59, 102 da Lei nº 7.661/45*
- *Ver art. 591, 971, inc. II, 748 e 751 do CPC*
- *Ver art. 333 do CCB.*
3) nos casos de falência do sacador de uma letra não aceitável.
- *Ver art. 10 Anexo II;*
- *Ver art. 1º, 7§ 2º, 25, 40, 59, 102 da Lei nº 7.661/45*

**Artigo 44**
*A recusa de aceite ou de pagamento deve ser comprovada por um ato formal\* (protesto por falta de aceite ou falta de pagamento).*
\* *Do texto original francês " acte authentique", podendo-se ler "ato autêntico".*
O protesto por falta de aceite deve ser feito nos prazos fixados para a apresentação ao aceite. Se, no caso previsto na alínea 1ª do artigo 24, a primeira apresentação da letra tiver sido feita no último dia do prazo, pode fazer-se ainda o protesto no dia seguinte.
O protesto por falta de pagamento de uma letra pagável em dia fixo ou a certo termo de data ou de vista deve ser feito num dos dois dias úteis seguintes àquele em que a letra é pagável. Se se trata de um letra pagável à vista, o protesto deve ser feito nas condições indicadas na alínea precedente para o protesto por falta de aceite.
- *Ver art. 9º Anexo II;*
- *Ver art. 28 do Decreto nº 2.044/08*
- *Ver art. 1º,19 a 23 da Lei nº 9.492/97*

O protesto por falta de aceite dispensa a apresentação a pagamento e o protesto por falta de pagamento.

No caso de suspensão de pagamento do sacado, quer seja aceitante, quer não, ou no caso de lhe ter sido promovida, sem resultado, execução dos bens, o portador da letra só pode exercer o seu direito de ação após apresentação da mesma ao sacado para pagamento e depois de feito o protesto.
- *Ver art. 10 Anexo II;*
- *Ver art. 28 Decreto nº 2.044/08*
- *Ver art. 1º,19 a 23 da Lei nº 9.492/97*

No caso de falência declarada do sacado, quer seja aceitante, quer não, bem como no caso de falência declarada do sacador de uma letra não aceitável, a apresentação da sentença de declaração de falência para que o portador da letra possa exercer o seu direito de ação.
- *Ver art. 10 Anexo II;*
- *Ver art. 28 Decreto nº 2.044/08*
- *Ver art. 1º,19 a 23 da Lei nº 9.492/97*

### Artigo 45

O portador deve avisar da falta de aceite ou de pagamento o seu endossante e o sacador dentro dos 4 (quatro) dias úteis que se seguirem ao dia do protesto ou da apresentação, no caso de a letra conter a cláusula "sem despesas". Cada um dos endossantes deve, por sua vez, dentro dos 2 (dois) dias úteis que se seguirem ao da recepção do aviso, informar o seu endossante do aviso que recebeu, indicando os nomes e endereços dos que enviaram os avisos precedentes, e assim sucessivamente até se chegar ao sacador. Os prazos acima indicados contam-se a partir da recepção do aviso precedente.

Quando, em conformidade com o disposto na alínea anterior, se avisou um signatário da letra, deve avisar-se também o seu avalista dentro do mesmo prazo de tempo.

No caso de um endossante não ter indicado o seu endereço, ou de ter feito de maneira ilegível, basta que o aviso seja enviado ao endossante que o precede.

A pessoa que tenha de enviar um aviso pode fazê-lo por qualquer forma, mesmo pela simples devolução da letra.

Essa pessoa deverá provar que o aviso foi enviado dentro do prazo prescrito. O prazo considerar-se-á como tendo sido observado desde que a carta contendo o aviso tenha sido posta no Correio dentro dele.

A pessoa que não der o aviso dentro do prazo acima indicado não perde os seus direitos; será responsável pelo prejuízo, se o houver, motivado pela sua negligência, sem que a responsabilidade possa exceder a importância da letra.

**Artigo 46**

O sacador, um endossante ou um avalista pode, pela cláusula "sem despesas", "sem protesto", ou outra cláusula equivalente, dispensar o portador de fazer um protesto por falta de aceite ou falta de pagamento, para poder exercer os seus direitos de ação.

Essa cláusula não dispensa o portador da apresentação da letra dentro do prazo prescrito nem tampouco dos avisos a dar. A prova da inobservância do prazo incumbe àquele que dela se prevaleça contra o portador.

Se a cláusula foi escrita pelo sacador produz os seus efeitos em relação a todos os signatários da letra; se for inserida por um endossante ou por avalista, só produz efeito em relação a esse endossante ou avalista. Se, apesar da cláusula escrita pelo sacador, o portador faz o protesto, as respectivas despesas serão de conta dele. Quando a cláusula emanar de um endossante ou de um avalista, as despesas do protesto, se for feito, podem ser cobradas de todos os signatários da letra.

**Artigo 47**

Os sacadores, aceitantes, endossantes ou avalista de uma letra são todos solidariamente responsáveis para com o portador.

*- Ver art. 42 do Decreto nº 2.044/08.*

O portador tem direito de acionar todas estas pessoas individualmente*, sem estar adstrito a observar a ordem por que elas se obrigam.

*\* Erro na publicação brasileira, que omitiu a expressão "ou coletivamente".*

*- Ver arts. 586, 585, inc. I, 1.211 e 1.220 do CPC;*

*- Ver arts. 49 e 39, § 1º, do Decreto nº 2.044/08.*

O mesmo direito possui qualquer dos signatários de uma letra quando a tenha pago.

A ação intentada contra um dos coobrigados não impede acionar os outros, mesmo os posteriores àquele que foi acionado em primeiro lugar.

**Artigo 48**

O portador pode reclamar daquele contra quem exerce o seu direito de ação:

1º - o pagamento da letra não aceite não paga, com juros se assim foi estipulado;

*- Ver art.1º, § 1º, da Lei nº 6.899/81*

2º - os juros à taxa de 6% (seis por cento) desde a data do vencimento;

*- Ver art. 13 do Anexo II;*

*- Ver arts. 1º e 5º do Decreto nº 22.626/33*

*- Ver arts. 406 e 407 do CCB*

*- Ver Súmula 121/STF*

3º - as despesas do protesto, as dos avisos dados e as outras despesas.

Se a ação for interposta antes do vencimento da letra, a sua importância será reduzida de um desconto. Esse desconto será calculado de acordo com a taxa oficial de desconto (taxa de Banco) em vigor no lugar do domicílio do portador à data da ação.

### Artigo 49

A pessoa que pagou uma letra pode reclamar dos seus garantes:

1º - a soma integral que pagou

2º - os juros da dita soma, calculados à taxa de 6% (seis por cento), desde

a data em que pagou;

- *Ver art. 13 do Anexo II*
- *Ver arts. 1º e 5º do Decreto nº 22.626/33*
- *Ver arts. 406 e 407 do CCB*
- *Ver art. 26 do Decreto-Lei nº 7.661/45*

3º - as despesas que tiver feito.

### Artigo 50

Qualquer dos coobrigados, contra o qual se intentou ou pode ser intentada uma ação*, pode exigir, desde que pague a letra, que ela lhe seja entregue com o protesto e um recibo.

Qualquer dos endossantes que tenha pago uma letra pode riscar o seu endosso e os dos endossantes subseqüentes.

*Do texto original francês "récours", podendo-se ler "direito regressivo"*

### Artigo 51

No caso de ação intentada depois de um aceite parcial, a pessoa que pagar a importância pela qual a letra não foi aceita pode exigir que esse pagamento seja mencionado na letra e que dele lhe seja dada quitação. O portador deve, além disso, entregar a essa pessoa uma cópia autêntica da letra e o protesto, de maneira a permitir o exercício de ulteriores direitos de ação.

### Artigo 52

Qualquer pessoa que goze do direito de ação pode, salvo estipulação em contrário, embolsar-se por meio de uma nova letra (ressaque) à vista, sacada sobre um dos coobrigados e pagável no domicílio deste.

O ressaque inclui, além das importâncias indicadas nos arts. 48 e 49, um direito de corretagem e a importância do selo do ressaque.

Se o ressaque é sacado pelo portador, a importância é fixada segundo a taxa para uma letra à vista, sacada do lugar onde a primitiva letra pagável sobre o lugar do domicílio do coobrigado. Se o ressaque é sacado por um endossante a sua importância é fixada segundo a taxa para uma letra à vista, sacada do lugar onde o sacador do ressaque tem o seu domicílio sobre o lugar do domicílio do coobrigado.

**Artigo 53**
Depois de expirados os prazos fixados:
- para a apresentação de uma letra à vista ou a certo termo de vista;
- para se fazer o protesto por falta de aceite ou por falta de pagamento;
- para a apresentação a pagamento no caso da cláusula "sem despesas";

O portador perdeu os seus direitos de ação contra os endossantes, contra o sacador e contra os outros coobrigados, à exceção do aceitante.

Na falta de apresentação ao aceite no prazo estipulado pelo sacador, o portador perdeu os seus direitos de ação, tanto por falta de pagamento como por falta de aceite, a não ser que dos termos da estipulação se conclua que o sacador apenas teve em vista exonerar-se da garantia do aceite.

Se a estipulação de um prazo para apresentação constar de um endosso, somente aproveita ao respectivo endossante.

**Artigo 54**
Quando a apresentação da letra ou o seu protesto não puder fazer-se dentro dos prazos indicados por motivo insuperável (prescrição* legal declarada por um Estado qualquer ou outro caso de força maior), esses prazos serão prorrogados.

O portador deverá avisar imediatamente o seu endossante do caso de força maior e fazer menção desse aviso, datada e assinada na letra ou numa folha anexa; para os demais são aplicáveis as disposições do art. 45.

Desde que tenha cessado o caso de força maior, o portador deve apresentar sem demora a letra ao aceite ou a pagamento, e caso haja motivo para tal, fazer o protesto.

Se o caso de força maior se prolongar além de 30 (trinta) dias a contar da data do vencimento, podem promover-se ações sem que haja necessidade de apresentação ou protesto.

Para as letras à vista ou a termo de vista, o prazo de 30 (trinta) dias conta-se da data em que o portador, mesmo antes de expirado o prazo para a apresentação, deu o aviso do caso de força maior ao seu endossante; para as letras a certo termo de vista, o prazo de 30 (trinta) dias, fica acrescido do prazo de vista indicado na letra.

Não são considerados casos de força maior os fatos que sejam de interesse puramente pessoal do portador ou da pessoa por ele encarregada da apresentação da letra ou de fazer o protesto.

*- Ver art. 393 do CCB*

\* Do texto original francês "prescription", podendo-se ler "determinação"

Capítulo VIII
DA INTERVENÇÃO
1– DISPOSIÇÕES GERAIS

### Artigo 55
O sacador, um endossante ou um avalista, podem indicar uma pessoa para em caso de necessidade aceitar ou pagar.

A letra pode, nas condições a seguir indicadas, ser aceita ou paga por uma pessoa que intervenha por um devedor qualquer contra quem existe direito de ação*.

*Do texto original francês "récours", podendo-se ler "direito de regresso".*

O interveniente pode ser um terceiro, ou mesmo o sacado, ou uma pessoa já obrigada em virtude da letra, exceto o aceitante.

O interveniente é obrigado a participar, no prazo de 2 (dois) dias úteis, a sua intervenção à pessoa por quem interveio. Em caso de inobservância deste prazo, o interveniente é responsável pelo prejuízo, se o houver, resultante da sua negligência, sem que as perdas e danos possam exceder a importância da letra.

## 2 – ACEITE POR INTERVENÇÃO

### Artigo 56
O aceite por intervenção pode realizar-se em todos os casos em que o portador de uma letra aceitável tem direito de ação antes do vencimento.

Quando na letra se indica uma pessoa para em caso de necessidade a aceitar ou a pagar no lugar do pagamento, o portador não pode exercer o seu direito de ação antes do vencimento contra aquele que indicou essa pessoa e contra os signatários subseqüentes a não ser que tenha apresentado a letra à pessoa designada e que, tendo esta recusado o aceite, se tenha feito o protesto.

Nos outros casos de intervenção, o portador pode recusar o aceite por intervenção. Se, porém, o admitir, perde o direito de ação antes do vencimento contra aquele por quem a aceitação foi dada e contra os signatários subseqüentes.

### Artigo 57
O aceite por intervenção será mencionado na letra e assinado pelo interveniente. Deverá indicar por honra de quem se fez a intervenção; na falta desta indicação, presume-se que interveio pelo sacador.

### Artigo 58
O aceitante por intervenção fica obrigado para com o portador e para com os endossantes posteriores àquele por honra de quem interveio da mesma forma que este.

Não obstante o aceite por intervenção, aquele por honra de quem ele foi feito e os seus garantes podem exigir do portador, contra o pagamento da importância indicada, no art. 48, a entrega da letra, do instrumento do protesto e, havendo lugar, de uma conta com a respectiva quitação.

### 3 – PAGAMENTO POR INTERVENÇÃO

**Artigo 59**

O pagamento por intervenção pode realizar-se em todos os casos em que o portador de uma letra tem direito de ação* à data do vencimento ou antes dessa data.

*Do texto original francês "récours", podendo-se ler "direito de regresso".*

O pagamento deve abranger a totalidade da importância que teria a pagar aquele por honra de quem a intervenção se realizou.

O pagamento deve ser feito o mais tardar no dia seguinte ao último em que é permitido fazer o protesto por falta de pagamento.

**Artigo 60**

Se a letra foi aceita por intervenientes tendo o seu domicílio no lugar do pagamento, ou se foram indicadas pessoas tendo o seu domicílio no mesmo lugar para, em caso de necessidade, pagarem a letra, o portador deve apresentá-la a todas essas pessoas e, se houver lugar, fazer o protesto por falta de pagamento o mais tardar no dia seguinte e ao último em que era permitido fazer o protesto.

Na falta de protesto dentro deste prazo, aquele que tiver indicado pessoas para pagarem em caso de necessidade, ou por conta de quem a letra tiver sido aceita, bem como os endossantes posteriores, ficam desonerados.

**Artigo 61**

O portador que recusar o pagamento por intervenção perde o seu direito de ação contra aqueles que teriam ficado desonerados.

**Artigo 62**

O pagamento por intervenção deve ficar constatado por um recibo passado na letra, contendo a indicação da pessoa por honra de quem foi feito. Na falta desta indicação presume-se* que o pagamento foi feito por honra do sacador.

*Do texto original francês "est considéré", podendo-se ler "é considerado".*

A letra e o instrumento do protesto, se o houve, devem ser entregues à pessoa que pagou por intervenção.

**Artigo 63**

O que paga por intervenção fica sub-rogado nos direitos emergentes da letra contra aquele por honra de quem pagou e contra os que são obrigados para com este em virtude da letra. Não pode, todavia, endossar de novo a letra.

Os endossantes posteriores ao signatário por honra de quem foi feito o pagamento ficam desonerados.

Quando se apresentam várias pessoas para pagar uma letra por intervenção, será preferida aquela que desonerar maior número de obrigados. Aquele que, com conhecimento de causa, intervir contrariamente a esta regra, perde os seus direitos de ação contra ao que teriam sido desonerados.

*Do texto original francês "acquiert ", podendo-se ler "adquire".*

Capítulo IX
DA PLURALIDADE DE EXEMPLARES E DAS CÓPIAS
1 – PLURALIDADE DE EXEMPLARES

**Artigo 64**

A letra pode ser sacada por várias vias

Essas vias devem ser numeradas no próprio texto, na falta do que, cada via será considerada como uma letra distinta.

O portador de uma letra que não contenha a indicação de ter sido sacada numa única via pode exigir à sua custa a entrega da várias vias. Para este efeito o portador deve dirigir-se ao seu endossante imediato, para que este o auxilie a proceder contra o seu próprio endossante e assim sucessivamente até se chegar ao sacador. Os endossantes são obrigados a reproduzir os endossos nas novas vias.

**Artigo 65**

O pagamento de uma das vias é liberatório, mesmo que não esteja estipulado que esse pagamento anula o efeito das outras. O sacado fica, porém, responsável por cada uma das vias que tenham o seu aceite e lhe não hajam sido restituídas.

O endossante que transferiu vias da mesma letra a várias pessoas e os endossantes subseqüentes são responsáveis por todas as vias que contenham as suas assinaturas e que não hajam sido restituídas.

**Artigo 66**

Aquele que enviar ao aceite uma das vias da letra deve indicar nas outras o nome da pessoa em cujas mãos aquela se encontra. Essa pessoa é obrigada a entregar essa via ao portador legítimo doutro exemplar.

Se se recusar a fazê-lo, o portadores só pode exercer seu direito de ação depois de ter feito constar por um protesto:

1º - Que a via enviada ao aceite lhe não foi restituída a seu pedido;

2º - Que não foi possível conseguir o aceite ou o pagamento de uma outra via.

### 2 – CÓPIAS

**Artigo 67**

O portador de uma letra tem o direito de tirar cópias dela.

A cópia deve reproduzir exatamente o original, com endossos e todas as outras menções que nela figurem. Deve mencionar onde acaba a cópia. A cópia pode ser endossada e avalizada da mesma maneira e produzindo os mesmos efeitos que o original.

**Artigo 68**

A cópia deve indicar a pessoa em cuja posse se encontra o título original. Esta é obrigada a remeter o dito título ao portador legítimo da cópia.

Se se recusar a fazê-lo, o portador só pode exercer o seu direito de ação contra pessoas que tenham endossado ou avalizado a cópia, depois de ter feito constatar por um protesto que o original lhe não foi entregue a seu pedido.

Se o título original, em seguida ao último endosso feito antes de tirada a cópia, contiver a cláusula "daqui em diante só é válido o endosso na cópia" ou qualquer fórmula equivalente, é nulo qualquer endosso assinado ulteriormente no original.

### Capítulo X
### DAS ALTERAÇÕES

**Artigo 69**

No caso de alteração do texto de uma letra, os signatário posteriores a essa alteração ficam obrigados nos termos do texto alterado; os signatários anteriores são obrigados nos termos do texto original.

### Capítulo XI
### DA PRESCRIÇÃO

*- Ver artigo 15 do Anexo II*
*- Ver art. 48 do Decreto nº 2.044/08*
*- Ver arts. 272, 274 e 275 do CPC*

**Artigo 70**

Todas as ações contra o aceitante relativas a letras prescrevem em 3 (três) anos a contar do seu vencimento.

As ações do portador contra os endossantes e contra o sacador prescrevem num ano, a contar da data do protesto feito em tempo útil, ou da data do vencimento, se se trata de letra que contenha cláusula "sem despesas"

As ações dos endossantes uns contra outros e contra o sacador prescrevem em 6 (seis) meses a contar do dia em que o endossante pagou a letra ou em que ele próprio foi acionado.

**Artigo 71**
A interrupção da prescrição só produz efeito em relação à pessoa para quem a interrupção foi feita.
- *Ver art. 17 do Anexo II*
- *Ver art. 219, §§ 1º ao 5º e 867 do CPC*
- *Ver arts. 197 a 199 do CCB*
- *Ver Súmula 153/STF*

Capítulo XII
DISPOSIÇÕES GERAIS

**Artigo 72**
O pagamento de uma letra cujo vencimento recai em dia feriado legal só pode ser exigido no primeiro dia útil seguinte. Da mesma maneira, todos os atos relativos a letras, especialmente a apresentação ao aceite e o protesto, somente podem ser feitos em dia útil.

Quando um desses atos tem de ser realizado num determinado prazo, e o último dia desse prazo é feriado legal fica o dito prazo prorrogado até ao primeiro dia útil que se seguir ao seu termo.

**Artigo 73**
Os prazos legais ou convencionais não compreendem o dia que marca o seu início.

**Artigo 74**
Não são admitidos dias de perdão, quer legal, quer judicial.

Título II
DA NOTA PROMISSÓRIA

- *Ver art. 19 do Anexo II*
- *Ver art. 20 do Anexo II*

**Artigo 75**
A nota Promissória contém:

1. Denominação "Nota Promissória" inserta no próprio texto do título e expressa na língua empregada para a redação desse título.

2. A promessa pura e simples de pagar uma quantia determinada.

3. A época do pagamento.

4. A indicação do lugar em que se efetuar o pagamento.

5. O nome da pessoa a quem ou à ordem de quem deve ser paga.

6. A indicação da data em que e do lugar onde a Nota Promissória é passada

7. A assinatura de quem passa a Nota Promissória (subscritor)
- *Ver art. 2º do Anexo II*
- *Ver art. 54, inc. IV do Decreto nº 2.044/08*
- *Ver art. 654 do CCB*
- *Ver art. 3º da Lei 6.268/75.*

**Artigo 76**
O título em que faltar algum dos requisitos indicados no artigo anterior não produzirá efeito como Nota Promissória, salvo nos casos determinados das alíneas seguintes.

A Nota Promissória em que se não indique a época do pagamento será considerada pagável à vista.

Na falta de indicação especial, o lugar onde o título foi passado considera-se como sendo o lugar do pagamento e, ao mesmo tempo, o lugar do domicílio do subscritor da Nota Promissória.

A Nota Promissória que não contenha indicação do lugar onde foi passada considera-se como tendo-o sido no lugar designado ao lado do nome do subscritor.

**Artigo 77**
São aplicáveis às Notas Promissória na parte em que não sejam contrárias à natureza deste título, as disposições relativas às letras e concorrentes:

Endosso (arts. 11 a 20);

Vencimento (arts. 33 a 37);

Pagamento (arts. 38 a 42);

Direito de ação por falta de pagamento (arts. 43 a 50 e 52 à 54);

Pagamento por intervenção (arts. 55 e 59 a 63);

Cópias (arts. 67 e 68);

Prescrição (arts. 70 e 71);

*Dias feriados, contagem de prazos e interdição de dias de perdão (arts. 72 a 74).*

*São igualmente aplicáveis às Notas Promissórias as disposições relativas às letras pagáveis no domicílio de terceiro ou numa localidade diversa da do domicílio do sacado (arts. 4º e 27), a estipulação de juros (art. 5º), as divergências das indicações da quantia a pagar (art. 6º), as conseqüências da aposição de uma assinatura nas condições indicadas no art. 7º, as da assinatura de uma pessoa que age sem poderes ou excedendo os seus poderes (art. 8º) e a letra em branco (art. 10).*

São também aplicáveis às Notas Promissórias as disposições relativas ao aval (arts. 30 e 32); no caso previsto na última alínea do art. 31, se o aval não indicar a pessoa por quem é dado, entender-se-á ser pelo subscritor da Nota Promissória.

**Artigo 78**
*O subscritor de uma Nota Promissória é responsável da mesma forma que o aceitante de uma letra.*
As Notas Promissórias pagáveis a certo tempo de vista devem ser presentes ao visto dos subscritores nos prazos fixados no art. 23. O termo de vista conta-se da data do visto dado pelo subscritor. A recusa do subscritor a dar o seu visto é comprovada por um protesto (art. 25), cuja data serve de início ao termo de vista.

ANEXO II

**Artigo 1º**
Qualquer das Altas Partes Contratantes pode prescrever que a obrigação de inserir nas letras passadas no seu território a palavra "Letra", prevista no art. 1º, nº 1, da Lei Uniforme, só se aplicará 6 (seis) meses após a entrada em vigor da presente Convenção.

**Artigo 2º**
Qualquer da Altas Partes Contratantes tem, pelo que respeita às obrigações contraídas em matéria de letras no seu território, a faculdade de determinar de que maneira pode ser suprida a falta de assinatura, desde que por declaração autêntica escrita na letra se possa constatar a vontade daquele que deveria ter assinado.

**Artigo 3º**
Qualquer da Altas Partes Contratantes reserva-se a faculdade de não inserir o art. 10 da Lei Uniforme na sua lei nacional.

**Artigo 4º**
Por derrogação da alínea primeira do art. 31 da Lei Uniforme, qualquer das Altas Partes Contratantes tem a faculdade de admitir a possibilidade de ser dado aval no seu território por ato separado em que se indique o lugar onde foi feito.

**Artigo 5º**
Qualquer das Altas Partes Contratantes pode complementar o art. 38 da Lei Uniforme dispondo que, em relação às letras pagáveis no seu território, o portador deverá fazer a apresentação no próprio dia do vencimento; a inobservância desta obrigação só acarreta responsabilidade por perdas e danos.
As outras Altas Partes Contratantes terão a faculdade de fixar as condições em que reconhecerão uma tal obrigação.

**Artigo 6º**
A cada um das Altas Partes Contratantes incumbe determinar, para os efeitos da aplicação da última alínea do art. 38, quais as instituições

que, segundo a lei nacional, devem ser consideradas câmaras de compensação.

### Artigo 7º

Pelo que se refere às letras pagáveis no seu território, qualquer das Altas Partes Contratantes tem a faculdade de sustar, se julgar necessário, em circunstâncias excepcionais relacionadas com a taxa de câmbio da moeda nacional, os efeitos da cláusula prevista no art. 41 relativa ao pagamento efetivo em moeda estrangeira. A mesma regra se aplica no que respeita à emissão no território nacional de letras em moedas estrangeiras.

### Artigo 8º

Qualquer das Altas Partes Contratantes tem a faculdade de determinar que os protestos a fazer no seu território possam ser substituídos por uma declaração datada, escrita no própria letra e assinado pelo sacado, exceto no caso de o sacador exigir no texto da letra que se faça um protesto com as formalidade devidas.

Qualquer das Altas Partes Contratantes tem igualmente a faculdade de determinar que a dita declaração seja transcrita num registro público no prazo fixado para os protestos.

No caso previsto nas alíneas precedentes o endosso sem data presume-se ter sido feito anteriormente ao protesto.

### Artigo 9º

Por derrogação da alínea terceira do art. 44 da Lei Uniforme, qualquer das Altas Partes Contratantes tem a faculdade de determinar que o protesto por falta de pagamento deve ser feito no dia em que a letra é pagável ou num dos dois dias seguintes.

### Artigo 10

Fica reservada para a legislação da cada uma das Altas Partes Contratantes a determinação precisa das situações jurídicas a que se referem os nºs 2 e 3 do art. 43 e os nºs 5 e 6 do art. 44 da Lei Uniforme.

### Artigo 11

Por derrogação dos nºs 2 e 3 do art. 43 e do art. 74 da Lei Uniforme, qualquer das Altas Partes Contratantes reserva-se a faculdade de admitir na sua legislação a possibilidade, para os garantes de uma letra que tenha sido acionados, de ser concedido um alongamento de prazos, os quais não poderão ser acionados em caso algum ir além da data do vencimento da letra.

### Artigo 12

Por derrogação do art. 45 da Lei Uniforme, qualquer das Altas Partes Contratantes tem a faculdade de manter ou de introduzir o sistema de aviso por intermédio de um agente público, que consiste no seguinte: ao fazer o protesto por falta de aceite ou por falta de pagamento, o notário ou o funcionário público incumbido desses serviços, segundo a lei nacional, é obrigado a dar comunicação por escrito desse protesto às pessoas obrigadas pela letra, cujos endereços figuram nela, ou que sejam conhecidos do agente que faz o protesto, ou sejam indicados pelas pessoas que exigiram o protesto. As despesas originadas por esses avisos serão adicionadas às despesas do protesto.

### Artigo 13
Qualquer das Altas Partes Contratantes tem a faculdade de determinar, no que respeita às letra passadas e pagáveis no seu território, que a taxa de juro a que se referem os n$^{\circ}$s 2 dos arts. 48 e 49 da Lei Uniforme poderá ser substituída pela taxa legal em vigor no território da respectiva Alta Parte Contratante.

### Artigo 14
Por derrogação do art. 48 da Lei Uniforme, qualquer das Altas Partes Contratantes reserva-se a faculdade de inserir na lei nacional uma disposição pela qual o portador pode reclamar daquele contra quem exerce o seu direito de ação uma comissão cujo quantitativo será fixado pela mesma lei nacional.

A mesma doutrina se aplica, por derrogação do art. 49 da Lei Uniforme, no que se refere à pessoa que, tendo pago uma letra, reclama a sua importância aos seus garantes.

### Artigo 15
Qualquer da Altas partes Contratantes tem a liberdade de decidir que, no caso de perda de direito ou de prescrição, no seu território subsistirá o direito de proceder contra o sacador, que não constituir provisão ou contra um sacador ou endossante que tenha feito lucros ilegítimos. A mesma faculdade existe, em caso de prescrição, pelo que respeita ao aceitante que recebeu provisão ou tenha realizado lucros ilegítimos.

### Artigo 16
A questão de saber se o sacador é obrigado a constituir à provisão à data do vencimento e se o portador tem direitos especiais sobre essa provisão está fora do âmbito da Lei Uniforme.

O mesmo sucede relativamente a qualquer outra questão respeitante às relações jurídicas que serviram de base à emissão da letra.

### Artigo 17
A cada uma das Altas Partes Contratantes compete determinar na sua legislação nacional as causas de interrupção e de suspensão da

prescrição das ações relativas a letras que os seus tribunais são chamados a conhecer.

As outras Altas Partes Contratante têm a faculdade de determinar as condições a que subordinarão o conhecimento de tais causas. O mesmo sucede quanto ao efeito de uma ação como meio de indicação do início da prescrição, a que se refere a alínea terceira do art. 70 da Lei Uniforme.

### Artigo 18
Qualquer das Altas Partes Contratantes tem a faculdade de determinar que certos dias úteis sejam assimilados aos dias feriados legais, pelo que respeita à apresentação ao aceite ou ao pagamento e demais atos relativos às letras.

### Artigo 19
Qualquer das Altas Partes Contratantes pode determinar o nome a dar nas lei nacionais aos títulos a que se refere o art. 75 da Lei Uniforme ou dispensar esses títulos de qualquer denominação especial, uma vez que contenham a indicação expressa que são à ordem.

### Artigo 20
As disposições dos arts. 1º a 18 do presente Anexo, relativos às letras, aplicam-se igualmente às notas promissórias.

### Artigo 21
Qualquer das Altas Partes Contratantes reserva-se a faculdade de limitar à obrigação assumida, em virtude do art. 1º da Convenção, exclusivamente às disposições relativas às letras, não introduzindo no seu território as disposições sobre notas promissórias constantes do Titulo II da Lei Uniforme. Neste caso, a alta Partes Contratante que fizer uso desta reserva será considerada Parte Contratante apenas pelo que respeita às letras.

Qualquer das Altas Partes Contratantes reserva-se igualmente a faculdade de compilar num regulamento especial as disposições relativas às notas promissórias, regulamento que será inteiramente conforme com as estipulações do Titulo II da Lei Uniforme e que deverá reproduzir as disposições sobre letras referidas no mesmo título, sujeitas apenas às modificações resultantes dos arts. 75, 76, 77 e 78 da Lei Uniforme e dos art. 19 e 20 do presente Anexo.

### Artigo 22
Qualquer das Altas Partes Contratantes tem a faculdade de tomar medidas excepcionais de ordem geral relativas à prorrogação dos prazos relativos a atos tendentes à conservação de direitos e à prorrogação do vencimento das letras.

**Artigo 23**

Cada uma das Altas Partes Contratantes obriga-se a reconhecer as disposições adotadas por qualquer das outras Altas Partes Contratantes em virtude dos arts. 1º a 4º, 6º, 8º a 16 e 19 a 21 do presente Anexo.

## PROTOCOLO

Ao assinar a Convenção datada de hoje, estabelecendo uma lei uniforme em matéria de letras e notas promissórias, os abaixo-assinados devidamente autorizados, acordaram nas disposições seguintes:

**A**

Os Membros da Sociedade das Nações e os Estados não membros que não tenham podido efetuar antes de 1º de setembro de 1932 o depósito da ratificação da referida Convenção obrigam-se a enviar, dentro de 15 (quinze) dias, a contar daquela data, uma comunicação ao Secretário-Geral da Sociedade das Nações, dando-lhe a conhecer a situação em que se encontram no que diz respeito á ratificação.

**B**

Se, em 1º de novembro de 1932, não se tiverem verificado as condições previstas na alínea primeira do art. 6º para entrada em vigor da Convenção. o Secretário-Geral da Sociedade das Nações convocará uma reunião dos Membros da Sociedade das Nações e dos Estados não membros que tenham assinado a Convenção ou a ela tenham aderido, a fim de serem examinadas a situação e as medidas que porventura devam ser tomadas para a resolver.

**C**

As Altas Partes Contratantes comunicar-se-ão reciprocamente, a partir da sua entrada em vigor, as disposições legislativas promulgadas nos respectivos territórios para tornar efetiva a Convenção.

Em fé do que o Plenipotenciários acima mencionados assinaram o presente Protocolo.

Feito em Genebra, aos sete de junho de mil novecentos e trinta (7-6-1930), num só exemplar, que será depositado nos arquivos do Secretariado da Sociedade das Nações, será transmitida cópia autêntica a todos os Membros da Sociedade das Nações e a todos os Estados não membros representados na Conferência.

*Seguem-se as mesmas assinaturas colocadas após o artigo 11 da Convenção.*

# Decreto nº 2.044 – de 31 de dezembro de 1908

Define a letra de câmbio e a nota promissória e regula as operações cambias.

O Presidente da República dos Estados Unidos do Brasil:

Faço saber que o Congresso Nacional decreta e eu sanciono a seguinte Resolução:

### TÍTULO I
### DA LETRA DE CÂMBIO

### Capítulo I
### DO SAQUE

**Art. 1º** A letra de câmbio é uma ordem de pagamento e deve conter estes requisitos, lançados, por extenso, no contexto:

I – a denominação "letra de câmbio" ou a denominação equivalente na língua em que for emitida;

II – a soma de dinheiro a pagar e a espécie de moeda;

III – o nome da pessoa que deve pagá-la. Esta indicação pode ser inserida abaixo do contexto;

IV – o nome da pessoa a quem deve ser paga. A letra pode ser ao portador e também pode ser emitida por ordem e conta de terceiro. O sacador pode designar-se como tomador;

V – a assinatura do próprio punho do sacador ou do mandatário especial. A assinatura deve ser firmada abaixo do contexto.

**Art. 2º** Não será letra de câmbio o escrito a que faltar qualquer dos requisitos acima enumerados.

**Art. 3º** esses requisitos são considerados lançados ao tempo da emissão da letra. A prova em contrário será admitida no caso de má-fé do portador.

**Art. 4º** Presume-se mandato ao portador para inserir a data e o lugar do saque, na letra que não os contiver.

**Art. 5º** Havendo diferença entre o valor lançado por algarismos e o que se achar por extenso no corpo da letra, este último será sempre considerado verdadeiro e a diferença não prejudicará a letra. Diversificando as indicações da soma de dinheiro no contexto, o título não será letra de câmbio.

**Art. 6º** A letra pode ser passada:

I – à vista;

II – a dia certo;

III – a tempo certo da data;

IV – a tempo certo da vista.

**Art. 7º** A época do pagamento deve ser precisa, uma e única para a totalidade da soma cambial.

### Capítulo II
### DO ENDOSSO

**Art. 8º** O endosso transmite a propriedade da letra de câmbio.

Para a validade do endosso, é suficiente a simples assinatura do próprio punho do endossador ou do mandatário especial, no verso da letra. O endossatário pode completar este endosso.

§ 1º a cláusula "por procuração", lançada no endosso, indica o mandato com todos os poderes, salvo o caso de restrição, que deve ser expressa no mesmo endosso.

§ 2º O endosso posterior ao vencimento da letra tem o efeito de cessão civil.

§ 3º É vedado o endosso parcial.

### Capítulo III
### DO ACEITE

**Art. 9º** A apresentação da letra ao aceite é facultativa quando certa a data do vencimento. A letra a tempo certo da vista deve ser apresentada ao aceite do sacado, dentro do prazo nela marcado; na falta de designação, dentro de 6(seis) meses contados da data da emissão do título, sob pena de perder o portador o direito regressivo contra o sacado, endossantes e avalistas.

Parágrafo único. O aceite da letra, a tempo certo da vista, deve ser datado, presumindo-se, na falta de data, o mandato ao portador para inseri-la.

**Art. 10.** Sendo dois ou mais os sacados, o portador deve apresentar a letra ao primeiro nomeado; na falta ou recusa do aceite, ao segundo, se estiver domiciliado na mesma praça; assim, sucessivamente, sem embargo da forma da indicação na letra dos nomes dos sacados.

**Art. 11.** Para a validade do aceite é suficiente a simples assinatura do próprio punho do sacado ou do mandatário especial, no anverso da letra.

Vale, como aceite puro, a declaração que não traduzir inequivocamente a recusa, limitação ou modificação.

Parágrafo único. Para os efeitos cambiais, a limitação ou modificação do aceite equivale à recusa, ficando, porém, o aceitante cambialmente vinculado, nos termos da limitação ou modificação.

**Art. 12.** O aceite, uma vez firmado, não pode ser cancelado nem retirado.

**Art. 13.** as falta ou recusa do aceite prova-se pelo protesto.

## Capítulo IV
## DO AVAL

**Art. 14.** O pagamento de uma letra de câmbio, independente do aceite e do endosso, pode ser garantida por aval. Para a validade do aval, é suficiente a simples assinatura do próprio punho do avalista ou do mandatário especial, no verso ou no anverso da letra.

**Art. 15.** O avalista é equiparado àquele cujo nome indicar; na falta de indicação àquele abaixo de cuja assinatura lançar a sua; fora destes casos, ao aceitante e, não estando aceita a letra, ao sacador.

## Capítulo V
## DA MULTIPLICAÇÃO DA LETRA DE CÂMBIO

### Seção Única
### Das Duplicatas

**Art. 16.** O sacador, sob pena de responder por perdas e interesses, é obrigado a dar, ao portador, as vias de letra que este reclamar antes do vencimento, diferençadas, no contexto, por números de ordem ou pela ressalva, das que se extraviaram. Na falta da diferenciação ou da ressalva, que torne inequívoca a unicidade da obrigação, cada exemplar valerá como letra distinta.

§ 1º O endossador e o avalista, sob pena de responderem por perda e interesses, são obrigados a repetir, na duplicata, o endosso e o aval firmados no original.

§ 2º O sacado fica cambialmente obrigado por cada um dos exemplares em que firmar o aceite.

§ 3º O endossador de dois ou mais exemplares da mesma letra a pessoas diferentes, e os sucessivos endossadores e avalistas ficam cambialmente obrigados.

§ 4º O detentor da letra expedida para o aceite é obrigado a entregá-la ao legítimo portador da duplicata, sob pena de responder por perda e interesses.

## Capítulo VI
## DO VENCIMENTO

**Art. 17.** A letra à vista vence-se no ato da apresentação ao sacado.

A letra, a dia certo, vence-se nesse dia. A letra, a dias da data ou da vista, vence-se no último dia do prazo; não se conta, para a primeira, o dia do saque, e, para a segunda, o dia do aceite.

A letra a semanas, meses ou anos da data ou da vista vence no dia da semana, mês ou ano do pagamento, correspondente ao dia do saque ou dia do aceite. Na falta do dia correspondente, vence-se no último dia do mês do pagamento.

**Art. 18.** Sacada a letra em país onde vigorar outro calendário, sem a declaração do adotado, verifica-se o termo do vencimento contando-se do dia do calendário gregoriano, correspondente ao da emissão da letra pelo outro calendário.

**Art. 19.** A letra é considerada vencida, quando protestada:

I – pela falta ou recusa do aceite;

II – pela falência do aceitante.

O pagamento, nestes casos, continua diferido até o dia do vencimento ordinário da letra, ocorrendo o aceite de outro sacado nomeado ou , na falta a aquiescência do portador expressa no ato do protesto, ao aceite na letra, pelo interveniente voluntário.

Capítulo VII

DO PAGAMENTO

**Art. 20.** A letra deve ser apresentada ao sacado ou ao aceitante para pagamento, no lugar designado e no dia do vencimento ou , sendo este dia feriado por lei, no primeiro dia útil imediato, sob pena de perder o portador o direito de regresso contra o sacador, endossadores e avalistas.

§ 1º Será pagável à vista a letra que não indicar a época do vencimento. Será pagável, lugar mencionado ao pé do nome do sacado, a letra que não indicar o lugar do pagamento.

É facultada a indicação alternativa de lugares de pagamento, tendo o portador direito de opção. A letra pode ser sacada sobre uma pessoas, para ser paga no domicílio de outra, indicada pelo sacador ou pelo aceitante.

§ 2º No caso de recusa ou falta de pagamento pelo aceitante , sendo dois ou mais os sacado, o portador deve apresentar a letra ao primeiro nomeado, se estiver domiciliado na mesma praça; assim, sucessivamente, sem embargo da forma da indicação na letra dos nomes dos sacados.

§ 3º sobrevindo caso fortuito ou força maior, a apresentação deve ser feita, logo que cessar o impedimento.

**Art. 21.** A letra à vista deve ser apresentada ao pagamento dentro do prazo nela marcado; na falta desta designação, dentro de 12 (doze) meses, contados da data da emissão do título, sob pena de perder o portador o direito de regresso contra o sacador, endossadores e avalistas.

**Art. 22.** O portador não é obrigado a receber o pagamento antes do vencimento da letra. Aquele que paga uma letra, antes do respectivo vencimento, fica responsável pela validade desse pagamento.

§ 1º O portador é obrigado a receber o pagamento parcial, ao tempo do vencimento.

§ 2º O portador é obrigado a entregar a letra com a quitação àquele que efetua o pagamento; no caso de pagamento parcial, em que se não opera a tradição do título, além da quitação em separado, outra deve ser firmada na própria letra.

**Art. 23.** Presume-se validamente desonerado aquele que paga a letra no vencimento sem oposição.

Parágrafo único. A oposição ao pagamento é somente admissível no caso de extravio da letra, de falência ou incapacidade do portador para recebê-lo.

**Art. 24.** O pagamento feito pelo aceitante ou pelos respectivos avalistas desonera da responsabilidade cambial todos os coobrigados.

O pagamento feito pelo sacador, pelos endossadores ou respectivos avalistas desonera da responsabilidade cambial os coobrigados posteriores.

Parágrafo único. O endossador ou avalista, que paga ao endossatário ou ao avalista posterior, pode riscar o próprio endosso ou aval e os dos endossadores ou avalistas posteriores.

**Art. 25.** A letra de câmbio deve ser paga na moeda indicada. Designada moeda estrangeira, o pagamento, salvo determinação em contrário, expressa na letra, deve ser efetuado em moeda nacional, ao câmbio à vista do dia do vencimento e do lugar do pagamento; não havendo no lugar curso de câmbio, pelo da praça mais próxima.

**Art. 26.** Se o pagamento de uma letra de câmbio não for exigido no vencimento, o aceitante pode, depois de expirado o prazo para o protesto por falta de pagamento, depositar o valor da mesma, por conta e risco do portador, independente de qualquer citação.

**Art. 27.** A falta ou recusa, total ou parcial, de pagamento, prova-se pelo protesto.

Capítulo VIII
DO PROTESTO

**Art. 28.** A letra que houver de ser protestada por falta de aceite ou de pagamento deve ser entregue ao oficial competente, no primeiro dia útil que seguir ao da recusa do aceite ou ao do vencimento, e o respectivo protesto tirado dentro de 3(três) dias úteis.

Parágrafo único. O protesto deve ser tirado do lugar indicado na letra para o aceite ou paga o pagamento. Sacada ou aceita a letra para ser paga em outro domicílio que não o do sacado, naquele domicílio deve ser tirado o protesto.

**Art. 29.** O instrumento de protesto deve conter:

I – a data;

II – a transcrição literal da letra e das declarações nela inseridas pela ordem respectiva;

III – a certidão da intimação ao sacado ou ao aceitante ou aos outros sacados, nomeados na letra para aceitar ou pagar, a resposta dada ou a declaração da falta da resposta.

A intimação é dispensada no caso do sacado ou aceitante firmar na letra a declaração da recusa do aceite ou do pagamento e, na hipótese de protesto, por causa da falência do aceitante.

IV – a certidão de não haver sido encontrada ou de ser desconhecida a pessoa indicada para aceitar ou para pagar. Nesta hipótese, o oficial afixará a intimação nos lugares do estilo e, se possível, a publicará pela imprensa.

V – a indicação dos intervenientes voluntários e das firmas por eles honradas;

VI – a aquiescência do portador ao aceite por honra;

VII – a assinatura, com o sinal público, do oficial do protesto.

Parágrafo único. Este instrumento, depois de registrado no livro de protesto, deverá ser entregue ao detentor ou portador da letra ou àquele que houver efetuado o pagamento.

**Art. 30.** O portador é obrigado a dar aviso do protesto ao último endossador, dentro de 2 (dois) dias, contados da data do instrumento do protesto e cada endossador, dentro de 2 (dois) dias, contados do recebimento do aviso, deve transmiti-lo ao seu endossador, sob pena de responder por perda e interesses.

Não constando do endosso o domicílio ou a residência do endossador, o aviso deve ser transmitido ao endossador anterior, que houver satisfeito aquela formalidade.

**Art. 31.** Recusada a entrega da letra por aquele que a recebeu para firmar o aceite ou para efetuar o pagamento, o protesto pode ser tirado por outro exemplar ou, na falta, pelas indicações do protestante.

Parágrafo único. Pela prova do fato, pode ser decretada a prisão do detentor da letra, salvo depositando este a soma cambial e a importância das despesas feitas.

**Art. 32.** O portador que não tira, em tempo útil e forma regular, o instrumento do protesto da letra, perde o direito de regresso contra o sacador , endossadores e avalistas.

**Art. 33.** O Oficial que não lavra, em tempo útil e forma regular, o instrumento do protesto, além da pena em que incorrer, segundo o Código Penal, responde por perdas e interesses.

Capítulo IX
DA INTERVENÇÃO

**Art. 34.** No ato do protesto por falta ou recusa do aceite, a letra pode ser aceita por terceiro, mediante a aquiescência do detentor ou portador. A responsabilidade cambial deste interveniente é equiparada à do sacado que aceita.

**Art. 35.** No ato do protesto, excetuada apenas na hipótese do artigo anterior, qualquer pessoa tem o direito de intervir para efetuar o pagamento da letra, por honra de qualquer das firmas.

§ 1º O pagamento, por honra da firma do aceitante ou dos respectivos avalistas, desonera da responsabilidade cambial todos os coobrigados. O pagamento, por honra da firma do sacador, do endossador ou dos respectivos avalistas, desonera da responsabilidade cambial todos os coobrigados posteriores.

§ 2º Não indicada a firma, entende-se ter sido honrada a do sacador; quando aceita a letra, a do aceitante.

§ 3º Sendo múltiplas as intervenções, concorram ou não coobrigados, deve ser preferido o interveniente que desonera maior número de firmas. Múltiplas as intervenções pela mesma firma, deve ser preferido o interveniente coobrigado; na falta deste, o sacado; na falta de ambos, o detentor ou portador tem a opção. É vedada a intervenção ao aceitante ou ao respectivo avalista.

Capítulo X
DA ANULAÇÃO DA LETRA

**Art. 36.** Justificando a propriedade e o extravio ou a destruição total ou parcial da letra, descrita com clareza e precisão, proprietário pode requerer ao juiz competente do lugar do pagamento, na hipótese de extravio, a intimação do sacado ou do aceitante e dos coobrigados para não pagarem a aludida letra, e a citação do detentor para apresentá-la em juízo, dentro do prazo de 3 (três) meses, e, nos casos de extravio e de destruição a citação dos coobrigados para, dentro do referido prazo, oporem contestação firmada em defeito de forma do título ou , na falta de requisito essencial, ao exercício da ação cambial.

Estas citações e intimações deve ser feitas pela imprensa, publicadas no jornal oficial do Estado e no Diário Oficial para o distrito Federal e nos periódicos indicados pelo juiz, além de afixadas nos lugares do estilo e na bolsa da praça do pagamento.

§ 1º O prazo de 3 (três) meses corre da data do vencimento; estando vencida a letra, da data da publicação do jornal oficial.

184   *Luciane Favaretto Timmers*

§ 2º Durante o curso desse prazo, munido da certidão do requerimento e do despacho favorável do juiz, fica o proprietário autorizado a praticar todos os atos necessários à garantia do direito creditório, podendo, vencida a letra, reclamar do aceitante o depósito judicial da soma devida.

§ 3º Decorrido o prazo, sem se apresentar o portador legitimado (art. 39) da letra, ou sem a contestação do coobrigado (art. 36), o juiz decretará a nulidade do título extraviado ou destruído e ordenará, em benefício do proprietário, o levantamento do depósito da soma, caso tenho sido feito.

§ 4º Por esta sentença, fica o proprietário habilitado, para o exercício da ação executiva contra o aceitante e os outros coobrigados.

§ 5º Apresentada a letra pelo portador legitimado (art.39) ou oferecida contestação (art. 36) pelo coobrigado, o juiz julgará prejudicado o pedido de anulação da letra, deixando, salvo à parte, o recurso aos meios ordinários.

§ 6º Da sentença proferida no processo cabe o recurso de agravo com efeito suspensivo.

§ 7º Este processo não impede o recurso à duplicata e nem para os efeitos da responsabilidade civil do coobrigado dispensa o aviso imediato do extravio, por cartas registradas endereçadas ao sacado, ao aceitante e aos outros coobrigados, pela forma indicada no parágrafo único do art.30.

### Capítulo XI
### DO RESSAQUE

**Art. 37.** O portador da letra protestada pode haver o embolso da soma devida, pelo ressaque de nova letra de câmbio, à vista, sobre qualquer dos obrigados.

O ressacado que paga, pode, por seu turno, ressacar sobre qualquer dos obrigados a ele anteriores.

Parágrafo único. O ressaque deve ser acompanhado da letra protestada, do instrumento do protesto e da conta de retorno.

**Art. 38.** A conta de retorno deve indicar:

I – a soma cambial e a dos juros legais, desde o dia do vencimento;

II – a soma das despesas legais: protesto, comissão, porte de cartas, selos, e dos juros legais, desde o dia em que foram feitas;

III – o nome do ressacado;

IV – o preço do câmbio, certificado por corretor ou, na falta, por dois comerciantes.

§ 1º O recâmbio é regulado pelo curso do câmbio da praça do pagamento, sobre a praça do domicílio ou da residência do ressacado; o recâmbio, devido ao endossador ou avalista que ressaca, é regulado pelo curso do câmbio da praça do ressaque, sobre a praça da residência ou do domicílio do ressacado.

Não havendo curso de câmbio na praça do ressaque, o recâmbio é regulado pelo curso do câmbio da praça mais próxima.

§ 2º É facultado o cúmulo dos recâmbios nos sucessivos ressaques.

## Capítulo XIII
### DOS DIREITOS E DAS OBRIGAÇÕES CAMBIAIS

#### Seção I
#### Dos Direitos

**Art. 39.** O possuidor é considerado legítimo proprietário da letra ao portador e da letra endossada em branco.

O último endossatário é considerada legítimo proprietário da letra endossada em preto, se o primeiro endosso estiver assinado pelo tomador e cada um dos outros, pelo endossatário do endosso, imediatamente anterior.

Seguindo-se ao endosso em branco outro endosso presume-se haver o endossador deste adquirido por aquele a propriedade da letra.

§ 1º No caso de pluralidade de tomadores ou de endossatários, conjuntos ou disjuntos, o tomador ou o endossatário possuidor da letra é considerado, para os efeitos cambiais o credor único da obrigação.

§ 2º O possuidor, legitimado de acordo com este artigo, somente no caso de má-fé na aquisição, pode ser obrigado a abrir mão da letra de câmbio.

**Art. 40.** Quem paga não está obrigado a verificar a autenticidade dos endossos.

Parágrafo. O interveniente voluntário que paga fica sub-rogado em todos os direitos daquele, cuja firma foi por ele honrada.

**Art. 41.** O detentor, embora sem título algum, está autorizado a praticar as diligências necessárias à garantia do crédito, a reclamar o aceite, a tirar os protestos, a exigir, ao tempo do vencimento, o depósito da soma cambial.

#### Seção II
#### Das obrigações

**Art. 42.** Pode obrigar-se, por letra de câmbio, quem tem a capacidade civil ou comercial.

Parágrafo único. Tendo a capacidade pela lei brasileira, o estrangeiro fica obrigado pela declaração que firmar, sem embargo da sua incapacidade, pela lei do Estado a que pertencer.

**Art. 43.** As obrigações cambiais são autônomos e independentes umas das outras. O signatário da declaração cambial fica, por ela, vinculado e solidariamente responsável pelo aceite e pelo pagamento da letra, sem embargo da falsidade, da falsificação ou da nulidade de qualquer outra assinatura.

**Art. 44.** Para os efeitos cambiais, são consideradas não escritas:

I – a cláusula de juros;

II – a cláusula proibitiva do endosso ou do protesto, a excludente da responsabilidade pelas despesas e qualquer outra, dispensando a observância dos termos ou das formalidades prescritas por esta Lei;

III – a cláusula proibitiva da apresentação da letra ao aceite do sacado;

IV – a cláusula excludente ou restritiva da responsabilidade e qualquer outra beneficiando o devedor ou o credor, além dos limites fixados por esta Lei.

§ 1º Para os efeitos cambiais, o endosso ou aval cancelado é considerado não escrito.

§ 2º Não é letra de câmbio o título em que o emitente exclui ou restringe a sua responsabilidade cambial.

**Art. 45.** Pelo aceite, o sacado fica cambialmente obrigado para com o sacador e respectivos avalistas.

§ 1º A letra endossada ao aceitante pode ser este reendossada, antes do vencimento.

§ 2º Pelo reendosso da letra, endossada os co-devedores intermédios.

**Art. 46.** Aquele que assina a declaração cambial, como mandatário ou representante legal de outrem, sem estar devidamente autorizado, fica por ela, pessoalmente obrigado.

**Art. 47.** A substância, os efeitos, a forma extrínseca e os meios de prova da obrigação cambial são regulados pela lei do lugar onde a obrigação foi firmada.

**Art. 48.** Sem embargo da desoneração da responsabilidade cambial, o sacador ou o aceitante fica obrigado a restituir ao portador com os juros legais, a soma com a qual se locupletou à custa deste.

A ação do portador, para este fim, é ordinária.

### Capítulo XIII
### DA AÇÃO CAMBIAL

**Art. 49.** A ação cambial é a executiva.

Por ela tem também o credor o direito de reclamar a importância que receberia pelo ressaque (art. 38).

**Art. 50.** A ação cambial pode ser proposta contra um, alguns ou todos os coobrigados, sem estar o credor adstrito à observância da ordem dos endossos.

**Art. 51.** Na ação cambial, somente é admissível defesa fundada no direito pessoal do réu contra o autor, em defeito de forma do título e na falta de requisito necessário ao exercício da ação.

### Capítulo XIV
### DA PRESCRIÇÃO DA AÇÃO CAMBIAL

**Art. 52.** A ação cambial, contra o sacador, aceitante e respectivos avalistas, prescreve em 5 (cinco) anos.

A ação cambial contra o endossador e respectivo avalista prescreve em 12 (doze) meses.

**Art. 53.** O prazo da prescrição é contado do dia em que a ação pode ser proposta: para o endossador ou respectivo avalista que paga, do dia desse pagamento.

### Título II
### DA NOTA PROMISSÓRIA

### Capítulo I
### DA EMISSÃO

**Art. 54.** A nota promissória é uma promessa de pagamento e deve conter estes requisitos essenciais, lançados, por extenso, no contexto:

I – a denominação de "nota promissória" ou termo correspondente, na língua em que for emitida;

II – a soma de dinheiro a pagar;

III – o nome da pessoa a quem deve ser paga;

IV – a assinatura do próprio punho do emitente ou do mandatário especial.

§ 1º. Presume-se ter o portador o mandato para inserir a data e lugar da emissão da nota promissória, que não contiver esses requisitos.

§ 2º. Será pagável à vista a nota promissória que não indicar a época do vencimento. Será pagável no domicílio do emitente a nota promissória que não indicar o lugar do pagamento.

É facultada a indicação alternativa de lugar de pagamento, tendo o portador direito de opção.

§ 3º. Diversificando as indicações da soma do dinheiro, será considerada verdadeira a que se achar lançada por extenso no contexto.

Diversificando no contexto as indicações da soma de dinheiro, o título não será nota promissória.

§ 4º. Não será nota promissória o escrito ao qual faltar qualquer dos requisitos acima enumerados. Os requisitos essenciais são considerados lançados ao tempo da emissão da nota promissória. No caso de má-fé do portador, será admitida prova em contrário.

**Art. 55.** A nota promissória pode ser passada:

I – à vista;

II – a dia certo;

III – a tempo certo da data.

Parágrafo único. A época do pagamento deve ser precisa e única para toda a soma devida.

Capítulo II
DISPOSIÇÕES GERAIS

**Art. 56.** São aplicáveis à nota promissória, com as modificações necessárias, todos os dispositivos do Título I desta Lei, exceto os que se referem ao aceite e às duplicatas.

Para o efeito da aplicação da tais dispositivos, o emitente da nota promissória é equiparado ao aceitante da letra de câmbio.

**Art. 57.** Ficam revogados todos os artigos do Título XVI do Código Comercial e mais disposições em contrário.

Rio de Janeiro, 31 de dezembro de 1908; 20º da República.

*Afonso Augusto Moreira Pena*

## O maior acervo de livros jurídicos nacionais e importados

Rua Riachuelo 1338
Fone/fax: (51) 3225-3311
90010-273 Porto Alegre RS
E-mail: livraria@doadvogado.com.br
Internet: www.doadvogado.com.br

# Entre para o nosso *mailing-list*

## e mantenha-se atualizado com as novidades editoriais na área jurídica

**Remetendo o cupom abaixo pelo correio ou fax, periodicamente lhe será enviado gratuitamente material de divulgação das publicações jurídicas mais recentes.**

---

Sim, quero receber, sem ônus, material promocional das NOVIDADES E REEDIÇÕES na área jurídica.

Nome: _____

End.: _____

CEP: _____-_____ Cidade _____ UF:____

Fone/Fax: _____ Ramo do Direito em que atua: _____

Para receber pela internet, informe seu **E-mail**: _____

_____
assinatura

# Visite nosso
## *site*

# www.doadvogado.com.br

---

DR-RS
Centro de Triagem
ISR 247/81

---

## CARTÃO RESPOSTA
NÃO É NECESSÁRIO SELAR

---

O SELO SERÁ PAGO POR

**LIVRARIA DO ADVOGADO LTDA**.

**90012-999**   Porto Alegre   RS